Kurt Kühn (1880 - 1957)

Heike Mayer

# Kurt Kühn

## 1880 - 1957

Ein unbekannter Impressionist

LILIOM Verlag

© Liliom Verlag Waging 1999

Druck: A. Miller & Sohn, Traunstein
ISBN 3-927966-98-3

Wenn die Könige weinen
Und die Sterne erblassen,
Sollst du gelassen
Sie untergehen lassen.
Andere werden wieder scheinen.


Kurt Kühn

# Vorwort

Nicht nur Bücher, auch Häuser haben ihre Schicksale.

In den Sommerferien 1966 fuhr der 13jährige Hartmut Honzera aus Tübingen mit seinen Eltern nach Waging am See in Oberbayern. Ihre private Unterkunft in der Kurhausstraße 1 im Ortsteil Fisching lag 300 Meter vom Seeufer entfernt. Von außen betrachtet kein besonderes Haus, einfach gebaut, ohne viel Komfort, sogar ohne Heizung, ein Sommerferienhaus eben. Aber als Hartmut eintrat, stellte er fest, daß dieses Haus eine Art Schatzkammer war: Überall an den Wänden hingen wunderschöne Bilder, Ölbilder, Aquarelle, große und kleine, farbenprächtige Naturlandschaften, fremdartig schillernde arabische Gestalten und Szenerien, Stilleben mit Blumen oder Obst, Porträts von Menschen mit lebendig wirkenden Gesichtern, ausdrucksvollen Gesten. Die Hausbesitzerin und Gastgeberin Charlotte Kühn erzählte dem staunenden Kind von ihrem Mann, dem Maler Kurt Kühn, mit dem sie das Haus gemeinsam bewohnt hatte, bis er 1957 starb. Er hinterließ ein reichhaltiges Werk mit annähernd 600 Ölbildern, 200 Bleistiftzeichnungen und zahllosen Aquarellen. Aber kaum jemand kannte und interessierte sich dafür.

Für den jungen Hartmut Honzera sollte diese Begegnung mehr als nur ein Ferienerlebnis werden. Die Familie verbrachte noch öfters ihren Urlaub bei der Malerwitwe Charlotte Kühn, mit jedem Mal wuchs die Faszination, und schließlich nahm Hartmut sich vor, wenn er erwachsen sei, dieses Werk vor dem Vergessen zu retten. Und wirklich machte er seinen Traum wahr: Nachdem er das Abitur abgelegt hatte, begann Honzera mit dem Studium der Kunstgeschichte. 1979 schloß er es mit einer Magisterarbeit ab, deren Titel lautete: "Der Maler Kurt Kühn (1880-1957). Versuch einer Positionsbestimmung". Zur Vorbereitung war er nach Waging zurückgekommen, um einige Zeit im Haus des Malers zu wohnen und zu arbeiten. Hier bekam er Einblick in alte Dokumente, die Aufschluß über Kühns künstlerische Laufbahn gaben und hielt fest, was Charlotte Kühn ihm an persönlichen Erinnerungen mitteilte. Er sichtete den umfangreichen Nachlaß, fotografierte die 600 Ölgemälde, inventarisierte sie und setzte sich dafür ein, daß das Werk öffentlich gezeigt wurde. 1980 organisierte Hildegard Eck aus Waging anläßlich des 100. Geburtstages von Kurt Kühn eine Ausstellung, die zunächst im kleinen Kreis offenbarte, welch verborgener Schatz viele Jahre lang unbeachtet geblieben war. 1981 und 1986 fanden durch den Einsatz Honzeras in Grafenau bei Sindelfingen zwei Ausstellungen statt, die der kunstinteressierten Öffentlichkeit eine umfangreiche Werkauswahl zugänglich machten.

Hartmut Honzera ist es zu verdanken, daß der 'Schatz' gehoben und ans Licht der

Öffentlichkeit gebracht wurde und daß dem Werk Kurt Kühns damit eine späte Anerkennung zuteil wurde. Ihm ist es aber auch zu verdanken, daß die Erinnerung an Kühn dauerhaft bewahrt bleiben kann. Danach sah es zunächst kaum aus. Denn mit dem Verkauf kam der zweifellos interessanteste und wertvollste Teil von Kühns Werk, das Frühwerk mit den Bildern aus Afrika, zum großen Teil in verschiedene private Hände und wurde dadurch in alle Winde verstreut. Zudem ereignete sich in Kühns Waginger Haus 1988 ein Unglück, das Charlotte Kühn das Leben kostete und den Ort der Erinnerung für immer zerstörte. Das Waginger "Hexenhäusel", wie Kurt Kühn es liebevoll nannte, hätte nach dem Tod der Witwe zu einer musealen, lebensnahen Erinnerungsstätte werden können. Doch einer Gasexplosion fiel dieser Traum zum Opfer. Zum Opfer fielen auch die wenigen wertvollen Stücke der Inneneinrichtung, Teile des künstlerischen Werkes, persönliche Dokumente.

Soweit Dokumente und Aufzeichnungen erhalten geblieben sind und sich heute im Besitz der Erben befinden, konnten sie für die vorliegende Publikation ausgewertet werden. Aber für manches, was Hartmut Honzera anscheinend noch schriftlich vorgelegen hat, gibt es heute keinen anderen Beleg mehr als eben seine Magisterarbeit. Diese blieb, wie bei Magisterarbeiten üblich, unveröffentlicht. Hartmut Honzera starb 1994, 41 Jahre alt. Unsere Darstellung baut, was die kunstwissenschaftliche Beurteilung von Kühns Malerei betrifft, auf seiner Arbeit auf. Von unschätzbarem Wert war außerdem die umfangreiche Diasammlung, die Honzera von Kühns Bilder angelegt hat und durch die es nun möglich ist, zumindest einen Teil der großartigen arabischen Bilder zu zeigen, mit denen Kurt Kühn seinen Platz in der Geschichte der Kunst im 20. Jahrhundert verdient hat.

Durch die Schriften, die trotz aller Widrigkeiten erhalten geblieben sind - Briefe, Reise-Erinnerungen, literarische Arbeiten - ist es möglich, entscheidende Lebensstationen aus Kühns eigener Perspektive darzustellen. Eine nachträgliche, historisch-biographische Rekonstruktion hätte etwa die Jahre in Afrika oder die Flucht aus der französischen Gefangenschaft niemals so konkret anschaulich machen können. Umso bedauerlicher, daß die alten Tagebücher und Reisetagebücher, aus Dresden, Paris, Afrika, heute als verschollen gelten müssen.

Unser Dank gilt allen, die uns durch tatkräftige Mitarbeit, Gesprächsbereitschaft und Auskünfte geholfen haben, dieses Buch zu verwirklichen, insbesondere Karin und Klaus Bracht, Düren; Irene Honzera, Tübingen und Volkmar Honzera, Sindelfingen; Galerie Schlichtenmaier, Grafenau.

Ferner danken wir: Elfriede Brenner, Waging; Alexandre de Couet, Risch; Sepp Daxenberger und der Marktgemeinde Waging am See; Hildegard Eck, Waging; Walter Feilchenfeldt, Zürich; Sr. Nicolette

Geriet, Dominikushaus Riehen; Frau Hangebruch, Stadtarchiv Krefeld; Hilde und Gottfried Heilmaier, Waging; Horst Hilger, Landesbibliothek Stuttgart; Dr. Klaus Höflinger, München; Gerhard H. Hofmann, München; Sr. Adelheid Hofstetter, Dominikushaus Riehen; Waltraud Münzer, München; Oberin Josette Müller, Dominikushaus, Riehen; Dr. Hartfrid Neunzert, Landsberg am Lech; Mathilde Perschl und Stefan Perschl, Waging; Frau Pierling, Stadtarchiv Düsseldorf; Dr. Hans Rösch, Waging, Susanne und Georg Schörgenhofer, Waging; Josef Schrott, Waging; Elmar Schwarz, Waging; Helga Sternhuber, Waging; Veronika Stief, Waging; Michael Thöny, Utting am Ammersee; den Mitarbeitern der Stadtbücherei Traunstein; Rüdiger Freiherr von Wackerbarth, München und Holzhausen; Roswitha und Ferdinand Wiedemann, Waging; Frau Wielk, Akademie der Bildenden Künste, München.

Ein besonderer Dank geht an unsere Eltern, die das Projekt finanziell gefördert haben.

# Kindheit

*"Ich blickte von dem hohen Ufer herab über das herrliche Elbtal, es lag da wie ein Gemälde von Claude Lorrain unter meinen Füßen - es schien mir wie eine Landschaft auf einen Teppich gestickt, grüne Fluren, Dörfer, ein breiter Strom, der sich schnell wendet, Dresden zu küssen, und hat er es geküßt, schnell wieder flieht - und der prächtige Kranz von Bergen, der den Teppich wie eine Arabeskenborde umschließt - und der reine blaue italische Himmel, der über die ganze Gegend schwebte ..."*

So poetisch beschrieb Heinrich von Kleist (in einem Brief an seine Verlobte Wilhelmine von Zenge) am Anfang des 19. Jahrhunderts Dresden und die umgebende Natur, die ihm wie ein klassizistisches Kunstwerk des französischen Malers Lorrain erschien. Der Name Dresdens - vor der Zerstörung 1945 eine der schönsten Städte Deutschlands - war über Jahrhunderte eng mit den Bildenden Künsten verbunden. In dieser Stadt, wo seit August dem Starken die Barock-Kultur vorherrschte, schrieb Johann Joachim Winckelmann 1755 seine bahnbrechenden "Gedancken über die Nachahmung der Griechischen Werke in der Mahlerey und Bildhauer-Kunst". Und 150 Jahre später gründeten Ernst Ludwig Kirchner, Erich Heckel, Karl Schmidt-Rottluff und Fritz Bleyl in Dresden die Künstlergruppe "Die Brücke", die den Weg zur Moderne bahnte,

indem sie eine radikale Abkehr von eben dieser Nachahmungshaltung in der Malerei forderten und stattdessen eine 'expressionistische' Farb- und Formgebung suchten.

Hier in Dresden, gleichsam zwischen Winckelmann und der "Brücke", kam der Maler Kurt Kühn zur Welt. Die künstlerische Stellung, die er einnahm, lag zeitlebens zwischen diesen beiden Polen: einer traditionellen Nachahmung einerseits und einer eigenschöpferischen, modernen Malweise andererseits.

Kurt Kühn stammte nicht aus einem künstlerisch geprägten Elternhaus, doch unternahm insbesondere die Mutter nach dem Tod des Vaters alles, um dem Sohn die gewünschte Laufbahn als Künstler zu ermöglichen. Die Eltern, Carl Heinrich Kühn, geboren 1846 in Liegnitz, und seine Frau Anna Clara Kästner, geboren 1847 in Leipzig, hatten 1879 in Dresden geheiratet. Im Jahr darauf, am 3. Dezember 1880, wurde ihr einziges Kind Kurt Alexander geboren. Die Familie wohnte in der Böhmischen Str. 1, auf dem rechten Elbufer, nicht weit entfernt vom Bautzner Platz (dem heutigen Albertplatz). Der zwanzigjährige Kühn erinnerte sich an diese frühen Jahre: "Unser Haus in der Neustadt war groß, und meine Phantasie bevölkerte die hohen Räume mit Gestalten, die Züge meiner eigenen Launen verkörperte; ich entsinne mich, daß ich von

Kind an einen starken Hang zum Übernatürlichen hatte." 1884 hatte der Vater hier die "Äpfelweinkelterei, Liqueurfabrik und Weinhandlung C.H. Kühn" gegründet, doch sollte Dresden nicht für lange Zeit Heimat bleiben; als Kurt sieben Jahre alt und gerade seit einem dreiviertel Jahr zur Schule ging, zog die Familie nach Liegnitz (heute polnisch, Legnica). Dort übernahm Carl Heinrich Kühn die väterliche "Essig-, Sprit- und Obstwein-Fabrik G. H. Kühn" an der Ecke Schulstraße/Sophienstraße.

Für das Kind war dieser Umzug, der auch einen Wechsel des Dialektraumes bedeutete, nicht leicht. Die sächsische Mundart erregte offenbar den Spott der neuen Mitschüler in Schlesien. Sein ausgeprägter Hang zum Einzelgängertum, der sowohl in seiner künstlerischen Entwicklung sichtbar wie auch in seinem persönlichen Umgang später immer wieder bezeugt

worden ist, mag in diesem Erlebnis eine Wurzel haben. "Mich ließ die Erinnerung an Dresden nicht los, und immer wünschte ich mich nach meiner schönen Heimatstadt zurück", schrieb der Zwanzigjährige rückblickend. Ab Ostern 1890 besuchte Kurt Kühn in Liegnitz das Gymnasium, aber: "Je länger ich da war, desto weniger gefiel mir der Geist, der unter den Schülern herrschte: fast allen fehlte der sonnige, freie Blick der Jugend, und die altklugen Sorgengesichter um mich her verdrossen mich; ich fühlte mich fast nie wohl unter ihnen." Neben Lateinisch und Griechisch lernte Kühn hier auch Französisch - seine

ausgeprägte sprachliche Begabung und besonders seine hervorragenden Französisch-Kenntnisse sollten ihm später zu Kriegszeiten in ungeahnter Weise nützlich werden. Die Lehrer bescheinigten ihm durchweg "gutes Betragen" - abgesehen von der Sexta, wo die Einschränkung "Im ganzen gut" erfolgte, und zwar "wegen eines kindischen Wutanf[alls]" (Zeugnis vom 23.12.1891). Seine vielfältige Begabung im sprachlich-musischen Bereich zeichnete sich bereits in frühen Jahren ab. Mit vier Jahren war er zum ersten Mal im Theater und er spürte jenen "Bühnenzauber", der, wie er selbst schrieb, später immer größere Macht über ihn gewinnen sollte. In seinem neunten Lebensjahr wurde er zum leidenschaftlichen Leser; die Bücher scheinen ihm die Freunde ersetzt zu haben, und oft hörte er nicht auf zu lesen, bis ihm die Mutter das Buch wegnahm. Mit zehn Jahren fing er an, Violine zu spielen. Sein Interesse an der bildenden Kunst war ebenfalls schon früh geweckt worden und stand sicher im Zusammenhang mit Dresden; auch nachdem die Familie nicht mehr dort ansässig war, hielt sich die Mutter mit dem Kind in den Ferien oft dort auf. So vermerkt Kurt in einem frühen Tagebuch einen gemeinsamen Besuch in der Gemäldegalerie und dem Grünen Gewölbe zu Ostern 1895.

Interessanterweise aber kam Kurt über eine mittelmäßige Beurteilung seiner zeichnerischen Fähigkeiten während der gesamten Liegnitzer Schulzeit nicht hinaus. In den ersten Jahren gehörte er insgesamt zu den vier Besten, ab der Tertia dagegen immer zu den schlechtesten Schülern. Als es 1896 nach der Untersecunda im Zeugnis hieß: "Nicht versetzt", wechselte er an das Pädagogium nach Lähn (der Ort im Bober-Katzbach-Gebirge, zu Polen gehörend,

heißt heute Wlén). Mit fünfzehn war er der jüngste unter seinen Klassenkameraden. "Ich ging nach Lähn, wo meine großen Erwartungen allerdings arg enttäuscht wurden. Ich war oft in geradezu verzweifelter Stimmung. Einigen Trost gab mir die

Natur, die die kleine Stadt wunderschön gebettet hat. Meine schon vorher entwickelte Lust zur Malerei entzündete sich immer mehr an Schönheiten, die mir wie aus dem Märchenland mir zum Trost hergezaubert vorkamen", schrieb Kühn in seinem Lebenslauf. 'Singen' war das einzige Fach gewesen, in dem er am Liegnitzer Gymnasium durchgehend eine positive Beurteilung erhalten hatte. Wirft man einen Blick auf den in Lähn praktizierten Gesangsunterricht, so läßt sich der Widerwille des sensiblen, kunstsinnigen Heranwachsenden nachvollziehen. In dem "Liederbuch für die Schüler des Lähner Pädagogiums" sind 75 Liedertexte versammelt, die mehrheitlich aus patriotisch-sehnsuchtsvollen oder deutsches Heldentum beschwörenden Schlachtenliedern bestehen. So wurden die Schüler beispielsweise angehalten zu singen:

*"Wo Mut und Kraft in deutscher Seele flammen, fehlt nie das blanke Schwert beim Becherklang; wir stehen fest und halten treu zusammen, und rufen's laut im feurigen Gesang: Ob Fels und Eiche splittern, wir werden nicht erzittern! Den Jüngling reißt es fort mit Sturmeswehn, fürs Vaterland in Kampf und Tod zu gehn."*

Es ist offensichtlich, daß der siebzehnjährige Kühn von diesen pädagogischen Bemühungen zur Kriegstreiberei ziemlich ungerührt geblieben ist. Das in seinem Nachlaß erhalten gebliebene Liederbuch weist auf den unbedruckten Seiten kleine Federzeichnungen von seiner Hand auf, die auf eine ganz andere Gestimmtheit weisen: romantische Landschaftsskizzen, Schiffe, die einsam auf dem Meer treiben, Menschen, deren Gesicht oder Körperhaltung einen melancholisch-verträumten Ausdruck zeigen (siehe Abbildung). Dieselbe Stimmung vermitteln die Gedichte, die der Heranwachsende in diesen Jahren schrieb.

Nicht lange hielt es Kühn in Lähn, dann wechselte er nach Guben (Niederlausitz, im Südosten Brandenburgs, heute mit einem deutschen und einem polnischen Teil, Gubin). "Die freiere Lebensweise und die eigentümliche Romantik der Gubener Berge war von wohlthuendem Einfluß auf mich, auch hatte ich hier mehr Zeit, meinen Lieblingsstudien: Musik, Litteratur und Malerei nachzugehen", hält Kühn in seinem Lebenslauf 1900 fest. Im Herbst dieses Jahres legte er die Reifeprüfung ab. Welchen beruflichen Weg er einschlagen würde, stand zu dieser Zeit bereits fest. "Nachdem ich lange Zeit über meinen künftigen Beruf unschlüssig gewesen war und zwischen Musik, Litteratur und Malerei geschwankt hatte, entschloß ich mich endlich, Maler zu werden und nebenher Philosophie zu studieren." Auch bei der Wahl des Studienortes gab es nicht lange etwas zu überlegen - es zog Kühn zurück nach Dresden, in die Stadt seiner frühen Kindheit. Vermutlich im darauffolgenden Jahr, 1901, begann er sein Studium an der dortigen Akademie der Bildenden Künste.

*Die Unterprima in Guben 1898/99*
*(Kurt Kühn mittlere Reihe, zweiter von rechts)*

*Abbildung 1: Selbstbildnis (1902-1903)*

# Künstlerische Ausbildung

Die Dresdener Kunst-Akademie hatte am Anfang des 20. Jahrhunderts zunächst keine hervorragende Stellung inne, und anders als in München 1892, Wien 1897 oder Berlin 1898 hatte es hier keine Sezessions-Bewegung gegeben. Der Anschluß an die moderne Kunst folgte jedoch bald darauf mit der Künstlervereinigung "Die Brücke", die internationale Bedeutung erlangte. Allerdings stammten deren Gründungsmitglieder nicht von der Akademie, sondern waren Architekturstudenten an der Technischen Hochschule; zwischen ihnen und Kurt Kühn gibt es keine nachweisbare persönliche oder künstlerische Verbindung. Als sich die "Brücke" 1905 formierte, hatte Kühn Dresden bereits längst wieder verlassen.

Was ihn veranlaßt hatte, Dresden als Studienort zu wählen, war wohl weniger das Motiv, Anschluß an die künstlerische Avantgarde in Deutschland zu finden, als vielmehr der Wunsch, den Ort seiner Kindheit noch einmal aufzusuchen. Aber auch diesmal sollte er nicht für lange bleiben. Während seiner Studienzeit - die kaum mehr als ein Jahr betrug - lehrten unter anderem die Professoren Carl Bantzer und Gotthard Kühl an der Akademie. Sein wichtigster Lehrer aber war vermutlich Eugen Bracht (1842-1921), der soeben als Professor für Landschaftsmalerei nach Dresden berufen worden war. "Alle drei vertreten einen Spätimpressionismus und stehen in der Nachfolge Liebermanns. Die Freilichtmalerei, das Einfangen des flüchtigen Augenblicks sind wichtige Elemente ihrer Malerei." (Honzera, S. 6) Eben diese Elemente sollten für Kühns künstlerische Entwicklung bestimmend werden.

Vermutlich war es auch Professor Bracht, der dem jungen Studenten ans Herz legte, sich zur weiteren künstlerischen Ausbildung auf Reisen in exotische Länder zu begeben. Bracht gehörte zu den maßgeblichen Vertretern des akademischen Orientalismus im Deutschland des 19. Jahrhunderts. In den Jahren 1880/81 und 1891 hatte er zwei Orientreisen unternommen. Für seine Freilichtmalerei nach dieser Erfahrung ist eine flächenbetonte Landschaftsauffassung kennzeichnend - eine Malweise, die Kühn später in seinen orientalischen Motiven zu einem ganz eigenen Stil ausformen wird.

Daß Kühn Dresden in Richtung München verlassen würde, hatte bereits vorher festgestanden. "Ich werde von hier [Guben] aus voraussichtlich zuerst nach Dresden auf die Kunstakademie gehen, dann nach München, Paris, Italien", heißt es im Lebenslauf von 1900. Im Herbst 1902 folgte er diesem Plan und schrieb sich an der Akademie der Bildenden Künste in München ein. Nicht lange zuvor, wohl noch in Dresden, fertigte er ein Selbstporträt in Öl an, das einen Eindruck von der äußeren Erscheinung des 21jährigen, vor allem aber auch davon vermittelt, wie er anscheinend selbst gerne gesehen werden wollte: Ein eleganter, standesbewußter junger Mann, in aufrechter Haltung und mit herausforderndem Blick, durchaus der 'preußische Fabrikantensohn', als der er laut Immatrikulationsunterlagen in München in Erscheinung trat (Abb. 1). Doch eben das sollte er nicht mehr für lange Zeit sein: Sein Vater starb im Juli 1903, und es war zu entscheiden, ob aus dem Fabrikantensohn nun der Essigfabrikant selbst werden sollte. Kühn entschied sich dagegen. Daraufhin verkaufte die Mutter die Fabrik und ermöglichte dem Sohn damit nicht allein den Fortgang seines Studiums in München, sondern auch den späteren Studienaufenthalt in Paris, zahlreiche, mehr oder weniger ausgedehnte Reisen ins Ausland und eine gesicherte Existenz - zumindest bis in die 20er Jahre.

Kühns erster und einzig nachweisbarer akademischer Lehrer in München war Ludwig Herterich (1856-1932), in dessen Zeichenschule er sich zu Beginn seiner dreijährigen Studienzeit in München einschrieb. Das Studium an der Kunstakademie war traditionell dreistufig aufgebaut: Am Anfang die Zeichenklasse, in der vor allem nach lebenden Modellen gearbeitet wurde, dann die Malklasse, welche das Hauptstudium darstellte, und anschließend die Komponierklasse (Meisterklasse) bei demselben Lehrer.

Freilichtmalerei und Impressionismus, die zwei für Kühns Malerei maßgeblichen Gestaltungsweisen, sind womöglich auch auf den Einfluß von Ludwig Herterich zurückzuführen. Dieser war führendes Mitglied der Münchner Secession 1892, doch galt seine Malweise im 20. Jahrhundert bald als hoffnungslos akademisch und überholt: Der Kunsthistoriker Uhde-Bernays bemerkte in den zwanziger Jahren kritisch, charakteristisch für Herterich sei "der Widerspruch, pleinairistische und impressionistische Wirkungen zu dekorativen Zwecken heranholen zu wollen. Dieser Maler [...] opferte das wichtigste Erfordernis des Bildes, die edle Bildmäßigkeit, einer gesteigerten Absichtlichkeit der technischen Ausführung." Bei wem Kühn die weiteren Ausbildungsstufen durchlief, läßt sich nicht mehr feststellen; eventuell studierte er bei Wilhelm Diez (1839-1907).

In München mietete Kühn sich zuerst in der Ainmillerstraße 8 ein, dann, ab April 1903, in der Kurfürstenstraße 60. In beiden Fällen lag seine Unterkunft mitten in Schwabing, nicht weit von der Akademie entfernt. Einen Eindruck davon, wie es in diesem Stadtteil Münchens damals aussah, gibt die Schriftstellerin Ina Seidel, die zur selben Zeit ein Haus am Nikolaiplatz bezog: "Tatsächlich war Schwabing damals stellenweise ein noch fast ländlicher Vorort." Sie beschreibt "das ländliche Anwesen am Nikolaiplatz mit seinen Gemüsebeeten und dem Grasgarten voller Obstbäume, unter denen Hühner und ein paar Ziegen ihr

18

Wesen hatten" (Seidel, S. 164). Zu der illustren Gesellschaft, die in diesen oder den folgenden Jahren Kühns 'Nachbarschaft' in Schwabing bildete, gehörte z. B. Lenin, Max Reger, Wassily Kandinsky, Gabriele Münter, Alfred Kubin, Paul Klee, der Verleger Albert Langen und sein "Simplicissimus" sowie dessen Zeichner Olaf Gulbransson. Ebenfalls 1903 eröffnete in der Türkenstraße das Lokal "Simplicissimus", doch ist nicht bekannt, ob der Student Kurt Kühn dort verkehrte. Kontakt fand er jedenfalls zu den Malern der Künstlervereinigung "Die Scholle", die 1899 von Illustratoren der Zeitschrift "Jugend" gegründet worden und entsprechend stark vom Jugendstil geprägt war. Neben anderen gehörten Walter Georgi, Fritz Erler, Reinhold M. Eichler, Leo Putz und Adolf Münzer der Gruppe an. Der Schriftsteller Hans Brandenburg bemerkt in seinem Erinnerungsbuch "München leuchtete": "Sie nannten sich 'Die Scholle', obwohl keiner engen Heimatkunst verschworen, und waren Dekorationsmaler, die durch Riesenformate das Tafelbild sprengten - nun durften ihre breitgestrichenen Eklogen und Idyllen, ihre teils derben, teils eleganten Mythologien als Wandgemälde und festliche Improvisationen einen heitergesellschaftlichen Rahmen füllen [...]" (Brandenburg, S. 255)

Kühns Beziehung zu den Mitgliedern der Scholle war jedoch weniger künstlerisch als vielmehr persönlicher Art - vor allem zu Adolf Münzer (1870 - 1952) entwickelte

sich eine langjährige Freundschaft. Die symbolträchtigen und betont ornamentalen Züge des Jugendstils, die besonders in Deutschland die Gebrauchskunst wie auch die Malerei bis zum ersten Weltkrieg beherrschten, haben indes kaum einen Niederschlag in Kühns Werken gefunden - jedenfalls nicht, soweit es erhalten ist. Aus der Zeit vor 1905 handelt es sich hauptsächlich um Aquarelle und Zeichnungen (siehe Abb. 2 und 3), obwohl davon auszugehen ist, daß er sich bereits damals mit Ölmalerei beschäftigt hat (so Honzera, S. 20). Von München aus unternahm Kühn wiederholt Reisen in den Süden - eine Leidenschaft, die er bis ins hohe Alter pflegte. Wie Honzera ermittelt hat, war er 1903 in Italien, ebenso 1904, im selben Jahr bereiste er Ungarn. Vermutlich hat Adolf Münzer, der 1902 von einem zweijährigen Paris-Aufenthalt zurückgekehrt war, Kühn dann in seiner Absicht bestärkt, nach Paris zu gehen, um dort sein Studium fortzusetzen.

Im Herbst 1905 zog er in die französische Hauptstadt. Wo er unterkam, ist nicht bekannt. Er schrieb sich an der berühmten Académie Julian ein, der 1868 von Rodolphe Julian gegründeten Kunstschule, die begabte junge Maler für die Aufnahme in die Ecole des Beaux-Arts vorbereitete. Die Akademie hatte schon früh Frauen zur Ausbildung zugelassen, was an der Ecole des Beaux-Arts erst 1897 möglich war, und war außerdem ein gefragter Ausbildungsort für ausländische Studenten, denen der Zutritt

*Abbildung 2: Lektüre am Fenster (1902)*

*Abbildung 3: Puchheim bei München (1904)*

zur Ecole des Beaux-Arts verwehrt war. Sie hatte ihren Sitz in der rue du Dragon 31 und unterhielt in Paris an sechs verschiedenen Orten weitere Ateliers. Die Lehrer waren namhafte Professoren, unter ihnen Gustave Boulanger, Jules Lefebvre und Tony Robert-Fleury. Nach Julians Tod im Jahr 1907 führte seine Witwe, die Künstlerin Amélie Beaury-Sorel, die Schule weiter. 1959 ging die Académie Julian in den Besitz der Ecole Supérieure d'Arts Graphiques über.

Der Schriftsteller Wilhelm Uhde (1874-1947), der 1904 nach Paris kam, beschreibt die damalige Kunstszene, wie sie sich dem Neuankommenden darbot:

*"Das damalige Paris war einfach und klar. [...] Man wußte, wohin man zu gehen hatte, wenn man schöne Bilder sehen wollte. [...] Die impressionistischen Maler waren herrschend; nach schweren materiellen Krisen, nach Jahren voll Schimpf und Hohn hatte Durand-Ruel sie durchgesetzt. [...] Innerhalb zwei Stunden konnte man sämtlichen Galerien moderner Malerei einen Besuch abgestattet haben [...] In dem Salon d'Automne und in den Indépendants stellten die Besten der Zeit aus und die Maler zweiten und dritten Ranges merkte man sich leicht in den paar Sälen dieser Ausstellungen."*
(Uhde, S. 118f.)

In Paris war, im Gegensatz zu München und Dresden, die künstlerische Avantgarde zum Greifen nahe; nachdem Kühn in Deutschland vor allem die handwerklich-technische Seite der Malerei gelernt hatte, erhielt er in Paris nun die künstlerischen Impulse, die für sein gesamtes weiteres Schaffen von entscheidender Bedeutung sein sollten. Mit wem Kühn in Paris persönlichen Kontakt hatte, läßt sich nur vermuten. Bis zum Ausbruch des Ersten Weltkrieges existierte in Paris eine deutsche und internationale Künstlerkolonie, deren Mittelpunkt das "Café du Dôme" bildete: Die dortigen Maler und Künstler kamen überwiegend aus München und Bayern, aber auch aus Berlin, Breslau und Hamburg. Charakteristisch für den Dôme-Kreis war eine weitgehende Übereinstimmung von Alter, sozialer Herkunft und materieller Unabhängigkeit: "Die meisten seiner Mitglieder, von Guillaume Apollinaire 'Dômiers' genannt, stammen aus gutsituierten, meist mittelständischen Familien, von denen einige sich gar der Oberschicht zurechnen. Malerei bedeutet für viele unter ihnen keine ökonomische Existenzsicherung." (Gautherie-Kampka, S. 10) Von seinem sozialen Profil her paßte Kühn also recht genau in diesen Kreis; vergleicht man den Werdegang bis 1910, gibt es teilweise eine so auffällige Parallelität zwischen Kühn und einigen deutschen Künstlern, daß eine persönliche Bekanntschaft als sicher gelten kann. Dies trifft zum Beispiel auf den zwei Jahre älteren Albert Weisgerber zu, der in München studiert hatte, als Illustrator der 'Jugend' tätig gewesen war und sich von 1905 bis 1907 in Paris aufhielt; oder auf den 1879 geborenen

Wil Howard, der ebenfalls in München studiert hatte, etwa zur selben Zeit in Paris eintraf, wie Kühn die Académie Julian besuchte und in den selben Salons ausstellte. Andererseits ist es vorstellbar, daß Kühn, der Einzelgänger, die Künstlerkreise im Café du Dôme mied - vielleicht aus den gleichen Gründen wie der Schriftsteller Stefan Zweig, der 1904 ebenfalls in Paris weilte und später zwar ein begeistertes Bild von dem freien künstlerischen Geist jener Zeit entwirft, sich aber zugleich von dem Klischee des Künstlers als Bohemien distanziert, das an Orten wie dem Café du Dôme gepflegt wurde. *Dank meiner engen Beziehung zu Verhaeren",* schreibt Zweig 1942 in seinen Erinnerungen an "Die Welt von gestern", *"den ich zweimal jede Woche in St.Cloud besuchte, war ich davor behütet worden, wie die meisten Ausländer in den windigen Kreis der internationalen Maler und Literaten zu geraten, die das Café du Dôme bevölkerten und im Grunde dieselben blieben hier oder dort, in München, Rom und Berlin. Mit Verhaeren dagegen ging ich zu den Malern, den Dichtern, die inmitten dieser schwelgerischen und temperamentvollen Stadt jeder in seiner schöpferischen Stille wie auf einer einsamen Insel der Arbeit lebten, ich sah noch das Atelier Renoirs und die besten seiner Schüler. Äußerlich war die Existenz dieser Impressionisten, deren Werke man heute mit Zehntausenden von Dollars bezahlt, in nichts unterschieden von der des Kleinbürgers und Rentners; irgendein klei-*

*nes Häuschen mit einem angebauten Atelier, keine 'Aufmachung', wie sie in München Lenbach und die anderen Berühmtheiten mit ihren imitiert pompejanischen Luxusvillen zur Schau trugen."* (Zweig, S. 159f.)

Kühn betrat Paris in dem historischen Augenblick, als die bis dahin vorherrschende Malerei des Impressionismus von modernen Entwicklungen abgelöst wurde. Die Anfänge des Impressionismus lagen zu dieser Zeit schon über 30 Jahre zurück. 1874 hatte die "Société anonyme" Bilder von Claude Monet, Edgar Degas, Auguste Renoir, Alfred Sisley und anderen im Atelier des Fotografen Nadar ausgestellt und empörte Reaktionen hervorgerufen. In diesem Zusammenhang wurde der Begriff "Impressionismus" - im abwertenden Sinne - geprägt. Der Kunsthändler Paul Durand-Ruel war es, der kein persönliches und geschäftlichcs Risiko scheute, um der impressionistischen Malerei in Frankreich und international zum Durchbruch zu verhelfen.

Die Malerei des Impressionismus - die Freilichtmalerei mit ihrem zentralen künstlerischen Anliegen, der Darstellung von Farbe und Licht - sollte den nachhaltigsten Einfluß auf Kühn ausüben, obwohl ihm bei seiner Ankunft mit Macht sogleich die neuen, ganz anders gearteten Kunstströmungen vor Augen traten. Als er im Herbst 1905 in Paris ankam, wurde im Grand Palais an den Champs Elysées gerade die dritte Ausstellung der "Société du Salon

*Abbildung 4: Die Mutter des Künstlers (1908)*

d'Automne" eröffnet. Unter den über 1600 Werken, die dort zu sehen waren, befanden sich auch Bilder von Kandinsky und Jawlensky, den beiden russischen, seinerzeit in München ansässigen Künstlern. Das eigentlich Aufsehenerregende aber waren die Bilder, die im Saal VII hingen, Bilder von André Derain, Henri Matisse, Maurice de Vlaminck, Kees van Dongen und anderen, die von der Kunstkritik bald als 'Die Wilden', "Fauves" apostrophiert wurden. Hieraus leitete sich später die Bezeichnung Fauvismus als Bezeichnung für eine revolutionäre Kunstrichtung ab.

*"Der Fauvismus, der einem Lichtblitz gleicht, ist [...] eine bemerkenswerte und etwas rätselhafte Erscheinung. Ein leidenschaftlicher Drang zur Selbstäußerung, eine erstaunliche 'Hemmungslosigkeit' des Kolorits, leuchtende eckige Farbflächen - das war eine Art kühner Versuch und zugleich der Wunsch, die drückenden Probleme der Epoche zu vergessen, Probleme, die beunruhigende, mit intellektueller Aggression geladene Experimente des Kubismus oder die furchterregende Leidenschaftlichkeit der deutschen Expressionisten verursachten."* Entscheidender Impetus war die Unabhängigkeit der Künstler, die *"Unabhängigkeit von der Natur, von jeglichen Traditionen; von nun an folgte man nur noch der eigenen künstlerischen Inspiration. [...] Die Fauvisten kreierten eine neue Welt, impulsiv und scheinbar chaotisch, eine Welt, in der nicht die verwandelte Realität,* *sondern nur die in Farbe vergegenständlichte Phantasie der Autoren herrschte."* (German, S. 20 und 21f.)

In Kühns Bildern aus den Pariser Jahren ist eine Auseinandersetzung mit den Fauves deutlich erkennbar. Das gilt für alle drei Themen, die das frühe Werk beherrschen: Landschaftsdarstellungen (bzw. Städtebilder, in denen der landschaftliche Charakter dominiert), Porträts sowie Aktdarstellungen. Über das Porträt der Mutter des Künstlers (Abb. 4) bemerkt Honzera: *"Von der sonst herrschenden glatten Malerei ist nichts mehr vorhanden. Nicht mehr sorgsam übereinander gelegte Farbschichten modellieren das Antlitz, sondern kräftig gegeneinandergesetzte Farbflächen 'bauen' es gewissermaßen auf."* (Honzera, S.27) Die Rezeption von Henri Matisse sei unverkennbar, wenngleich Kühns Bild nicht dessen malerische Kühnheit erreicht.

Kühn hielt sich in späteren Jahren vorübergehend auch in Collioure auf; dieser Ort am Mittelmeer, nahe der spanischen Grenze, war eine Art Hochburg der Fauvisten. *"Es gibt zahlreiche Ansichten von Collioure von Matisse, Derain und Marquet, wobei sowohl motivische wie auch stilistische Ähnlichkeiten zum Bild ["Collioure"] Kurt Kühns vorhanden sind"*, schreibt Honzera weiter (S. 30). Hier zeigt sich jedoch zugleich auch noch ein zweiter bedeutender Einfluß, die Malerei Cézannes. Kühn wendet einen Farbauftrag an, der eindeutig von Cézanne herkommt. *"Herrscht bei Marquet die Tendenz, scharf umrandete*

*Flächen farbig auszufüllen, und ist Matisse einer neo-impressionistischen Malweise verpflichtet, indem er 'color-bricks' verwendet, andererseits aber Flächen mit ungleichmäßig-flachem Farbauftrag ins Bild bringt, so hat bei Kühn die Farbe eher eine dingkonstituierende Funktion im Sinne Cézannes. Die so gern betonte Kontur ist völlig verschwunden, ein zeichnerisches Gerüst nicht feststellbar. Die Farbe erst läßt die Dinge entstehen."* (Honzera S. 31)

Bereits 1906 konnte Kühn einen ersten großen Erfolg verbuchen: Er war mit zwei Bildern im Salon d'Automne vertreten. Eins war ein Porträt, das andere eine Ansicht des "Boulevard de Vaugirard" (Abb. 5). Honzera bemerkt zu dem Gemälde, es erinnert *an die Vorliebe der ausgeprägten Diagonalkomposition, wie Kurt Kühn sie von Gotthard Kühl her gekannt haben kann. [...] Diese Vermutung liegt auch deshalb nahe, da ein Aquarell von 1902, noch aus der Dresdner Zeit, erhalten ist, in dem diese ausgeprägte Diagonalkomposition ebenfalls angewandt wird. [...] Neu ist am 'Boulevard de Vaugirard' gegenüber den früheren Bildern die hellere Farbe. Die Bäume sind in hellen grünen und rostfarbenen Flecken gemalt, die Häuser in hellem Grau und Beige, ihre Dächer in hellen Rottönen. Offensichtlich wurde hier der Versuch unternommen, die sonnenbeschienene Straße in ihrer Stimmung wiederzugeben."* (Honzera, S. 25)

Im Frühling des darauffolgenden Jahres stellte Kühn im "Salon des Indépendants"

dasselbe Bild sowie fünf weitere aus. Was die öffentliche Anerkennung betrifft, so sind diese Jahre in Paris die erfolgreichsten im gesamten Leben des damals 27jährigen Malers gewesen. Auch in der Geschichte des Salons des Indépendants stellen diese Jahre einen Höhepunkt dar. *"Il y a des années privilégiées. 1907 est une date mémorable. On dirait que toute l'avant-garde s'est donné rendezvous avec Derain, Dufy, Delaunay, Othon Friesz, Herbin, Camoin, Gonzales, Matisse, Kandinsky, Le Fauconnier, Marquet, Metzinger, Nonell, Puy, Rouault, Vlaminck - qui s'ajoutent à la vieille garde de Signac, Sérusier, Angrand, Rousseau, Valtat... Quelle étonnante équipe de créateurs qui tous vont laisser leurs traces dans l'histoire. Mais le plus 'détonnant' peut-être est aussi l'un des plus discutés: Georges Braque expose pour la première fois six toiles."* (Huyghe, S. 98)

1909 war Kühn wiederum im Herbstsalon mit drei Bildern vertreten, 1910 noch einmal im Salon des Indépendants mit sechs Bildern. Mit Beginn dieses Jahres endet Kühns Pariser Zeit, über die Honzera abschließend urteilt:

*"Trotz dieser Verarbeitung verschiedenster Anregungen aber kann noch nicht von einer eigenen Handschrift, von einem persönlichen Stil Kurt Kühns gesprochen werden. Eine unverwechselbare persönliche Charakteristik seiner Bilder scheint sich abzuzeichnen, ist aber noch nicht völlig ausgeprägt."* (Honzera, S. 35)

*Abbildung 5: Boulevard de Vaugirard (1906)*

Genau dort, wo Kühn sich befand, im Paris der Jahre 1909/1910, entwickelten sich die verschiedenen geistigen Kraftfelder, die für die Kunst im 20. Jahrhundert maßgeblich werden sollten. Im Februar 1909 erschien auf der Titelseite der Pariser Zeitung "Le Figaro" das "Manifest des Futurismus" von Filippo Tommaso Marinetti (1876-1946), im Jahr darauf beginnt die futuristische Malerei Gestalt anzunehmen. Wassili Kandinskys noch von Jugendstil und Impressionismus beeinflußtes Frühwerk mündet 1910 in das legendäre Bild "Ohne Titel", das den Wendepunkt zur abstrakten Kunst darstellt. Als deren Wegbereiter nimmt Kandinsky in der Geschichte der Kunst im 20. Jahrhundert somit einen maßgebliche Position ein.

Über die Gründe, warum Kühn diesen Kraftfeldern auswich und Paris verließ, statt sich darin einzubinden und auf diese Weise an der modernen Kunst mitzuwirken, können nur Vermutungen angestellt werden. Aus späteren Aufzeichnungen geht hervor, daß Kühn eine generelle Abneigung gegen die abstrakte Kunst gehabt zu haben schien. Auch in Kühns künstlerischen Entwicklung bezeichnet das Jahr 1910 einen Aufbruch, doch führte dieser den Maler in eine ganz andere Richtung. Im selben Moment, als die europäische Avantgardekunst in Richtung Abstraktion aufbricht, macht Kühn sich auf, Europa zu verlassen, um eine Reise nach Algerien anzutreten. Und dort, weitab von den großen Kunstströmungen, kommt er dazu, seinen eigenen Stil auszuprägen.

# Auf Reisen

Nach einem Aufenthalt im oberbayerischen Holzhausen am Ammersee machte Kühn sich Anfang 1910 auf den Weg nach Afrika. Unterwegs blieb er eine Zeitlang im süd- französischen Collioure. Dort wohnte er im selben Haus wie früher Matisse (Honzera, S.10). Von hier schiffte er sich nach Algier ein, wo er gemeinsam mit einem Freund, dem Maler Weckerling, der schon längere Zeit in Algier ansässig war, nach Bu Sa'adah weiterreiste.

Im Sommer 1911 kehrte Kühn kurzfristig nach Deutschland zurück. Am 12. Juli heiratete er Margarethe Lehmann (1888- 1982) (Abb. 6), die Tochter eines Foto- grafen aus dem böhmischen Trautenau (heute tschechisch Trutnov). Die Beziehung mußte anscheinend lange vor den Eltern Margarethes geheimgehalten werden, wie aus erhalten gebliebenen Briefen aus dem Jahr 1908 hervorgeht; sie war ihm heimlich nach Paris gefolgt, unter dem Vorwand, Französisch zu lernen.

Von der Mutter bekam Kühn, wohl an- läßlich der Hochzeit, ein Haus finanziert. Es wurde 1912 auf einem Seegrundstück in Holzhausen errichtet. Der Ort war eine Künstlerkolonie, hier waren bereits früher einige Künstler ansässig geworden, die meist zum Umkreis der "Scholle" gehörten und mit denen Kühn sich während seiner Studienzeit in München angefreundet hatte. Das Seegrundstück neben Kühn gehörte

Maler und "Jugend"-Illustrator Fritz Erler (1868-1940), der sein Haus im Ort baute.

Im September reiste das Ehepaar Kühn gemeinsam nach Algerien, diesmal mit dem Schiff von Genua aus. Auch in den darauf- folgenden Jahren kehrte Kühn wiederholt nach Europa zurück, vor allem in den Sommermonaten. Ein Besuch in Paris ist bezeugt durch ein Mai 1912 datiertes Bild "Jardin du Luxembourg". Auch im Sommer des darauffolgenden Jahres soll Kühn sich, Honzera zufolge, in Paris aufgehalten ha- ben; dafür gibt es jedoch keinen Beleg mehr. Dies ist umso bedauerlicher, als mit einem Aufenthalt in Paris 1913 oder gar 1914 ein folgenreiches Ereignis verbunden war. Honzera berichtet davon, ohne eine schriftliche Quelle angeben zu können. In Paris hatte Kühn offenbar Kontakt zu dem Berliner Kunsthändler Paul Cassirer ge- knüpft. Dieser hatte im Jahr 1898 einen Kunstsalon in der Victoriastraße in Berlin- Tiergarten eröffnet und war im selben Jahr zum "Secretär" der Berliner Secession er- nannt worden. Sein Verdienst war es, Van Goghs Kunst den Weg geebnet und den französischen Impressionismus in Deutsch- land salonfähig gemacht zu haben. Welche Machtstellung er, zumindest bis zum er- sten Weltkrieg, innehatte, bezeugen die Namen, mit denen zeitgenössische Künstler ihn bedachten: Den "Diktator in Berlin" nannte Franz Marc ihn, und Max Lieber-

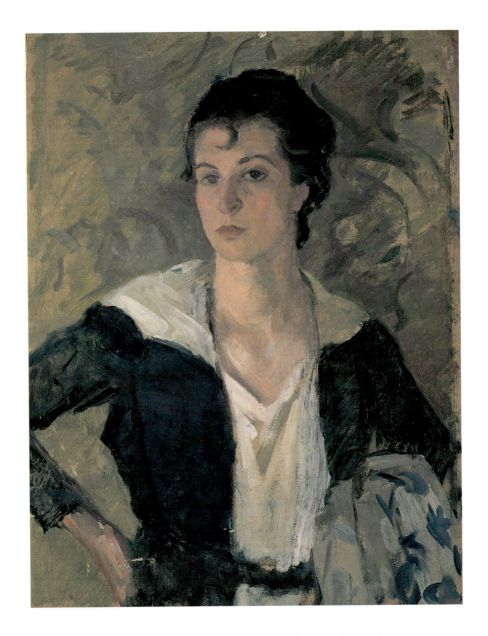

*Abbildung 6: Margarethe Kühn (undatiert)*

mann zufolge war Cassirer der "Napoleon des Kunsthandels" in Deutschland. Ab 1906 hielt Cassirer sich immer wieder in Paris auf, eine Begegnung mit Kühn könnte also schon früh stattgefunden haben. Offenbar plante Cassirer eine Ausstellung mit Bildern Kühns in Berlin. Zu diesem Zweck soll eine Kollektion von 24 Werken auf den Weg nach Berlin gebracht worden sein. Wann genau und von wo aus die Bilder geschickt wurden, ist nicht bekannt. Jedenfalls kamen sie nie in Berlin an: Bei Ausbruch des Krieges Ende Juli 1914 befanden sie sich gerade auf dem Transport und gingen dabei unterwegs verloren. Mit Sicherheit handelte es sich um eine hochrangige Auswahl - Kühn wird Cassirer seine neuesten Werke geschickt haben, überzeugt davon, daß es seine besten gewesen seien. Tatsächlich fand sich im Nachlaß kein einziges Bild, das mit Sicherheit auf 1914 zu datieren war. Dieses war der erste schwere persönliche Verlust des Malers, dem später noch weitere folgen sollten.

# In Bu Sa'adah

Kühn hielt sich mit Unterbrechungen von 1910 bis 1914 in Bu Sa'adah auf. Die 250 Kilometer südlich von Algier gelegene Oasenstadt war Militärgebiet, dort befand sich ein Fort mit zwei Kanonen, in dem eine Kompanie des französischen Bataillon d'Afrique stationiert war. Bei den Angehörigen dieser Kompanie handelte es sich zum großen Teil um gebürtige Pariser, die in ihrer Heimat straffällig geworden waren. Im arabischen Volksmund nannte man sie "les joyeux", die Lustigen, wahrscheinlich deshalb, wie Kühn resümiert, weil sie durchaus keinen Grund hatten, lustig zu sein. Ferner lebten etwa 50 Europäer, zumeist Künstler, in Bu Sa'adah; unter ihnen der berühmte französische Orientmaler Etienne Dinet (1861-1930), der seit 1884 dort ansässig war, zum Islam konvertiert war und dort begraben liegt. Kühn erwähnt ihn in seinen Aufzeichnungen nicht, doch soll er in Gesprächen später öfters seinen Namen genannt haben.

Mit aufmerksamem Blick registriert Kühn das herrschaftliche Verhalten der Franzosen gegenüber den Arabern, kritisch reflektiert er die negativen Folgen der europäischen Zivilisation für die einheimischen Volksgruppen. Von den Erlebnissen und Eindrücken dieses mehrjährigen Aufenthaltes kann niemand besser berichten als Kühn selbst. Unter den nachgelassenen Texten befinden sich maschinenschriftliche Berichte aus Afrika, die in den 50er Jahren entstanden sind, denen aber offensichtlich früher entstandene Aufzeichnungen und Tagebücher zugrundeliegen, die heute unauffindbar sind. Die Texte sind so umfangreich, daß an dieser Stelle leider nicht ungekürzt daraus mitgeteilt werden kann, aber sie erzählen so anschaulich, daß auch nicht darauf verzichtet werden soll, Passagen daraus ausführlich zu zitieren. Zum Teil etwas nachlässig formuliert und durchaus nicht formvollendet, liegt der besondere Wert doch darin, daß dem Leser ermöglicht wird, die Landschaft und die Menschen mit den Augen eines Malers zu betrachten, seine Empfänglichkeit für Farben und Farbabstufungen, sein atmosphärisches Feingefühl, seine präzisen Raumbeschreibungen gleichsam mit eigenen Augen mitzuvollziehen. Kühn zeichnet mit Worten, entwirft ein buchstäblich malerisches, dennoch durch und durch realistisches Bild ohne jede den Orient verklärende falsche Romantik. Er schildert Menschen und Dinge, denen er begegnet, berichtet von der Armut der Araber, ihren Sitten und Ritualen, von den fremdartigen Naturmächten in der Wüstenlandschaft. Vor allem aber beschreibt er, was sich vor seinen Augen abspielt, und berichtet von seiner *Begegnung mit dem Licht.* Der Text bietet dadurch die faszinierende Möglichkeit, lesend gleichsam mitzuerleben, wie sich das Wahrgenommene anschließend auf der Leinwand malerisch verdichtet findet. Kühn beginnt seine Aufzeichnungen mit der Fahrt von Algier in sieben Stunden mit der Bahn nach Bordjbu-Arreridj und von da aus mit der Postkutsche in 19 Stunden weiter nach Bu Sa'adah (Kühn verwendet die französische Form Bou-Saâda).

*"Schön war sie nicht, die Diligence. Eine alte Postkutsche mit 6 Maultieren und Pferden, davor eine Dachplane, unter der es von Arabern wimmelte, ein Interieur, in dem die besserzahlenden Fahrgäste saßen, und auf dem Bock mit einem alten Malteser Kutscher, der immer nur nach einer Seite spuckte, sodaß ich von der anderen Seite her trocken zu ihm auf den Bock klettern konnte. Ich hatte zwar Interieur bezahlt, aber ich wollte s e h e n. Und ich sah.*

*Ich sah rötlich verbranntes Land, Tal und Berg, dazwischen unsere nach Süden führende Straße; es kam mir alles provisorisch vor, als Vorstufe zum Eigentlichen. Vorn nickten die Köpfe der Maultiere; sie nickten viele Kilometer lang. [...]*

*Es wurde dunkel, große Sterne fingen an zu leuchten, es wurde ziemlich kalt. Alles wurde mehr und mehr gleichgültig; der Weg ging immer abwärts, und endlich kamen wir nach M'Sila, der ersten kleinen Oase, am Südabhang des nördlichen Atlas. [...] Die Berge waren zu Ende, und es ging in eine endlose Fläche hinaus. Die Sterne schienen hell, und als wir ein gutes Stück von M'Sila fort waren, konnte man sich auf der Fahrt ins Weite, endlos Unbekannte dünken, mit einem bißchen Abenteuergeruch in der Luft.*

*Das Abenteuer war näher gewesen als ich dachte; erst ein paar Stunden später sah ich seine Spuren. Mir wurde kalt, der Kutscher bemerkte es, hielt, öffnete unten die hintere Türe und forderte einen Platz für mich. [...] Als ich aufwachte, war es hell, die Sonne war eben aufgegangen. Das erste wirklich Arabische, was ich sah, war Baniu. Baniu war ein ganz kleiner Hügel mitten in der Riesenfläche mit zwei kleinen Lehmhäusern und ein paar Arabern, die um ein Feuer herumsaßen. Wir konnten Kaffee bekommen und die Tiere wechseln. Unsere Fahrgäste hockten sich hin und verrichteten ihre Bedürfnisse.*

*Es war Friede auf Erden.*
*Ich ging um den Wagen herum und bemerkte außen in der Gegend des Kutschersitzes ein paar Löcher, die wie Kugeleinschläge aussahen. "Vor acht Tagen hat man meine arme Patache überfallen", erklärte mir der Kutscher. Ein paar Räuber, Araber, vielleicht von den Beni Sliman. Er zeigte nach Westen: "Da drüben, sehen Sie die dunklen Dinger, das sind die Zelte der Beni Sliman. Nach dem alten Rezept: ein paar Schüsse in die Pferde und dann die Reisenden ausgeplündert. Ein Mosabit ist getötet worden, er hatte sich wehren wollen. Deshalb hat man uns auch einen Assess mitgegeben." Und er wies auf den Mann im blauen Burnus mit dem Militärgewehr.*

*Es war tatsächlich der letzte Überfall in dieser Gegend, Januar 1910. Ca. 30 Kilometer waren wir von M'Sila hierhergefahren; es blieben noch etwa 40 Kilometer*

*bis Bou-Saâda. In der Ferne erschienen die rötlichen, mit bläulichen Schatten durchwirkten Berge des südlichen Atlas, rechts lag weit drüben das Billard du Colonel Pein, ein sonderbarer Tafelberg. Links sah man in der Ferne den Hodna glänzen, den riesigen Salzsee, der kein See ist. Immer weiter ging's auf der Piste, immer weiter, bis zum Brunnen und der Haltestelle von Ain-Dis, zehn Kilometer vor Bou-Saâda. Die Piste ging bis hierher und nicht weiter.*

Wir kamen auf eine richtige Straße, die im großen Bogen an den Bergen entlang ging, welche jetzt rechts und vor uns rötlich schimmernd, den mächtigen Wall gegen Westen und Süden bildet. Links glänzte eine Dünenlandschaft, die sich plötzlich, teilweise durch einen kleineren Berg begrenzt, aus der Wüste erhob, und vor uns lag der Ort und das gelbschimmernde Fort von Bou-Saâda.

Über Bou-Saâda schwebte der Rauch der vielen Wacholderfeuer, der um diese Zeit, Vormittag, süßlich duftend über jedem arabischen Ort liegt. Ein breites, ausgetrocknetes Flußbett wurde überquert - noch vor einer Woche hatte hier ein wildes Wasser gehaust -, alle Passagiere mußten aussteigen und den Wagen schieben helfen, dann ging es weiter. Nach ein paar Kilometern fuhren wir über eine kleine Brücke zwischen ein paar fensterlosen ockerfarbenen Häusern hindurch. [...]

Eine Horde Jungen umschwärmten uns mit Geschrei, die rote Scheschia auf dem Kopfe, mit fliegender Gandurah, nackten Beinen und wilden Gebärden. Sie schoben mit am Wagen, der Kutscher brüllte und peitschte und so ging's die Straße hinauf. Vor dem Berge des Forts bog die Straße links abwärts ab, und bald rollten wir schräg über einen sehr großen leeren Platz, an dessen anderem Ende ein kleines Hotel lag, das Hotel d'Oasis. Dort stieg ich ab. [...]

Der große Platz von Bou-Saâda, Place du Colonel Pein, lag gänzlich uninteressant vor mir. Gegenüber stiegen europäisch anmutende Baumanlagen zum Fort empor, bräunlich in ihrer Wintertracht. Rechts die Apotheke, ein Kramladen, dann das arabisch verkleidete französische Schulgebäude. Am Ende des Platzes sah es arabischer aus: Ein Kolonadengang mit Kramläden, ein rotes Haus, eine abgehende Gasse. Es war die Judengasse. Interessant war sie nicht. Dieser an sich langweilige Hauptplatz von Bou-Saâda war immerhin eine Bühne, über die viel Gleichgültiges, manches Glück und wohl noch mehr Leid zogen. [...]

Von der Judengasse ging es hinunter auf einen kleinen Platz - ich habe ihn später Ali Baba-Platz genannt - und da fing es an, richtig arabisch zu werden. Links umschlossen von lehmfarbenen Häusern ohne Fenster - nur die hölzernen Regenrinnen ragen aus den Terrassen heraus - lag er da, die Sonne lag blendend darauf, ein paar Araber und Esel schritten hindurch. Ein Krämer hatte vor seinem Hause seine Reichtümer ausgebreitet, grüßte mich würdevoll und wies auf seine Schätze hin. Da gab es allerhand, roten Pfeffer und Zwiebeln über goldene Schuhe hinweg bis zu Kerzen, Messern und Kamelsäcken, Matten, Gnunas (das sind geflochtene runde Gefäße, die mit Milch wasserdicht gemacht werden). Es sah fantastisch und anheimelnd aus. Später wurde ich mit dem Kaufmann gut Freund, und er hat mich, glaube ich, nie betrogen.

Um die nächste Ecke ging es in eine

*Abbildung 7: Afrika (1911)*

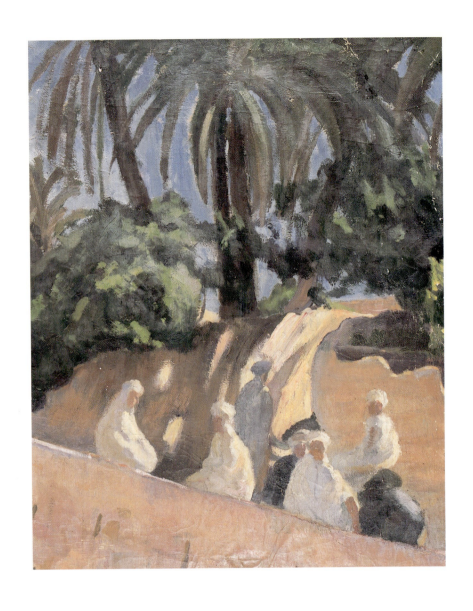

*Abbildung 8: Araber (undatiert)*

*Gasse, in der man im Schatten gehen konnte [...] Die Sonne macht aus Dreck Zauberpaläste, aber sie kann auch ein fürchterlicher Gott sein. Der Weg war mit Katzenköpfen gepflastert, ganz gut für Menschen, schlecht für Pferde. Die starken Türen waren oft mit Eisen oder breitköpfigen Messingnägeln in einfachen Mustern verziert. Nach einiger Zeit sah ich etwas blendend Helles, und als ich hinkam, war es ein unebener Platz, später mein Lieblingsplatz, den ich sogleich Place des merveilles, Platz der Wunder taufte, ziemlich groß, ohne Pflaster, von verhältnismäßig hohen Häusern umrahmt (Abb. 10). Straßen führten aus ihm heraus, sodaß er keinen geschlossenen Eindruck machte. Im Schatten standen Männer und Esel, die dunkle Silhouetten gegen die Helligkeit bildeten. Ein paar Weiber, von oben bis unten in rote oder schmutzighelle Gewänder gehüllt, mit Bündeln bepackt, zogen quer durch die Sonne [...] Links an einem hell-ockerfarbigen Hause ging eine Dukana, eine lange Erdbank entlang. Auf ihr lagen, hockten und saßen Männer in Gandurahs und Burnussen, leuchtend weiße Figuren mit dunklen Gesichtern und Beinen, einige mit Kaffeetässchen in der Hand oder neben sich, denn dicht daneben lag ein Café. Sie alle taten nichts, und es ist mir - und den meisten Franzosen auch - nie klar geworden, wovon die Mehrzahl der Bewohner Bou-Saâdas eigentlich lebte.*

  *Allah Ijib, Gott gibt es.*
*Das Steinpflaster glänzte blau im Schatten,*

*die Personen erschienen ganz dunkel gegen die helle Wand einer Moschee, an der ein Weg entlang führte. Dieser Weg, in dem Dunkel auf Hell prallte, belebt durch die verschiedenartigen Schattenrisse der Hindurchgehenden, war wie der fantastische Eingang ins Ungewisse. [...]*

  *Die Sonne sinkt auch dort im Winter schnell. Als ich wieder unterhalb des Forts war, sah ich mich um. Die hohen Häuser und Mauern leuchteten erstaunlich stark, der Atlas lag fern, fern in veilchenblauem Duft, aber davor, weit hinten in der Wüste ... was war das? War das Meer irgendwo in die Wüste eingebrochen? Meerblau - wie das Blau des Mittelmeeres - schien ein breiter Meeresarm über die Steppe zu laufen, und gestern noch war ich dort gefahren. Ein blaues Wunder. Dann ging es mir auf, daß es Berge waren, die ihren Schatten hunderte von Kilometer weit über das flache Land warfen [...]*

  *Ich kam über den großen Platz, an dem das Hotel stand, zurück. Die Dämmerung fiel schnell. Nicht weit vom Hotel stand eine Menge Araber, die meisten in hellen, einige in dunklen Burnussen. Als ich näher kam, sah ich, daß sie einen Kreis um eine sich bewegende, flatternde Figur bildeten. Ich drängte mich dazwischen. Da tanzte allein in einen armseligen zerschlissenen Burnus gehüllt, ein armer dünner Kerl. Sein mageres Gesicht war gelöst, aber ohne Berührung mit der Außenwelt, seine Augen sahen irgend etwas Selig-Fremdes, aber nicht, was da wirklich vor ihnen stand. Er*

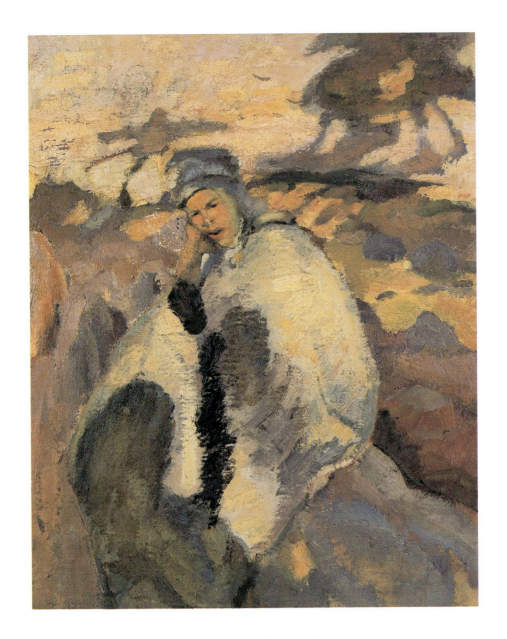

*Abbildung 9: Araber (undatiert)*

*Abbildung 10: La place des merveilles, Bou-Saâda (1910)*

tanzte keinen Tanz, den man lernen kann. Es war eine getanzte Fantasie, die ihm ein Gott gegeben hatte zu tanzen. Es war Aufforderung, Liebe, Zweifel, Heldentum, rasendes Vergnügen, Dinge, die man nicht beschreiben kann, die man in dieser Sublimierung nie dieser armen Kreatur zugetraut hätte.

Die Zuschauer standen da, berückt, atemlos begeistert, sich selbst entfremdet. Schließlich ein paar sinkende Bewegungen. Er stand da, schaut einen Moment vor sich hin, schlang den rechten Zipfel seines Burnus über die linke Schulter und ging davon, als ob nichts gewesen wäre.

"Ya Allah", hörte ich neben mir flüstern. Ich deutete fragend auf den Davongehenden.

"Mabul", sagte der Mann. 'Mabul' heißt bei den dortigen Arabern 'verrückt'. Nein, aber es war immer etwas vom Hauch des Heiligen umwittert.

Am nächsten Morgen wurde ich von einem halben Dutzend Araberjungen gedrängt, die sich als Führer und Dolmetscher anboten. Ich nahm den Bescheidensten. [...]

Es war Markttag. Ich habe nur eine Skizze davon: Rot, viel Rot. Das waren die Haufen roter Pfeffer, Felfel, die herumlagen. Außerdem gab es - um nur einiges zu nennen - Krüge, Teppiche, Matten, Flöten, Zwiebeln, arabische Rasiermesser, Holz auf und neben Eseln, Kamelsäcke, Geschrei, Gesten, einen jüdischen Platzgeldeinsammler; jüdische und arabische Schuster,

Kinder, Nomaden in dunklen Kamelhaarburnussen [...] Weiter drüben erhoben sich große, kegelförmige Haufen von weißem Salz, mit dem Holzmaß auf der Spitze und den hockenden Händlern und den stehenden Käufern daneben. Ein stehender Europäer ist in der Regel eben ein dastehender Zivilist - ein dastehender burnusumhüllter Araber ist eine Statur.

Wir gingen am Wirtshaus vorbei, am Garten des Cercle des Officiers [Offizierskasino] entlang, rechts lagen dann senkrecht abgehend die zwei einförmigen Straßen des Europäerviertels mit ihren hellen, niedrigen Häusern. [...]

Noch in der Oasis gehen steinige Wege vom Flußbette aus den Berg hinauf. Wir stiegen den einen Pfad hinauf, zwischen Mauern, über und hinter denen Palmen aufragten. Immer wieder kamen wir zwischen den Mauern an primitiven Holztoren vorbei. Ein Reiter auf einem Schimmel begegnete uns, den Burnus zu beiden Seiten über den roten Sattel herabhängend. Wir konnten uns eben nur an die Mauer drücken. Ein kleiner Bach lief neben uns herab, an einer Stelle zu einem Becken gesammelt, an dem eine alte Frau wusch. Die alten Frauen, auf die es sozusagen nicht mehr ankommt, können ihr Gesicht unverhüllt tragen, die jungen dürfen das nicht, außer bei Nomaden.

Endlich waren wir oben. Hier liegt das Deschra giblia, das alte Bou-Saâda, ein elendes kleines Dorf, daneben ein Friedhof, auf der Hochebene von dem Kerdada. Die

*Abbildung 11: Salzverkauf in der Oase (1911)*

*Abbildung 12: Afrika (1912)*

Oasenfriedhöfe sind sehr verschieden von den prächtigen Friedhöfen von Algier oder Tunis. Eine Menge kleiner länglicher Erdhügel, flach, teilweise kaum bemerkbar, unter denen die Toten liegen, auf der Seite, das Gesicht gegen den Osten nach Mekka gewandt, nur von wenig Erde bedeckt.

In unsäglicher Armut lagen die Toten von Deschra giblia da, bestattet in völliger Stille. [...]

Wir stiegen einen anderen Weg wieder hinunter und schlugen dabei verschiedene Quergänge ein, immer zwischen Lehmmauern, von denen nur selten eine eingefallen war, sodaß man gelegentlich ins Innere der Gärten hineinsehen konnte. Außer den Datteln, die nicht entfernt so gut sind wie die des Ued Rhir, erntete man dort hauptsächlich Feigen, Granaten, Wein und vor allem Ful, das sind die großen Bohnen der Schmetterlingsblüten, die so süß duften, außerhalb des Ortes auch Gerste. [...]

"Willst du das große Café sehen, Herr?", fragte Naui.

"Was ist das große Café?"

"Das Bordell, Herr."

Wir kamen auf dem Rückweg vorbei und gingen hinein. Ein großer viereckiger Hof, in den man durch einen Torweg gelangt, von dem man rechts in einen Schenkensaal kam; der Hof war ringsum von Wohnsälen umgeben. Vor einigen lehnten bunte Gestalten, Uled Nails. Das waren die Tänzerinnen vom Stamm der Uled Nails, die ihre Mitgift als Tänzerinnen und Freuden-

mädchen verdienen, dann wieder zu ihrem Stamm zurückkehren und heiraten. Bei Festlichkeiten haben sie einen fantastischen Kopfputz auf, mit Straußenfedern und Goldmünzen verziert, und sind in bunte Brokatstoffe gekleidet. An Hand- und Fußgelenken tragen sie Khol-Khols, schwere, gearbeitete breite Silberringe. Sie sind sicherlich harmloser als die meisten europäischen 'Damen' und so ziemlich in jeder größeren Oase Algeriens zu finden. Abends hört man im vorderen Saal Tambourins und Flöte, und einzelne Mädchen tanzen. Mit den Mädchen ist es wie überall: Es gibt hübsche, gelegentlich sogar schöne und die anderen.

Es wurde Zeit zum Essen. Wir kamen an einem erhöhten Platze vorbei, über den hinweg man drüben das Fort und das hochgelegene Stadtviertel sah. Auf dem Platze stand ein viereckiger Bau, die Ecken mit stufenförmig aufsteigenden Spitzen verziert, auf dessen Terrasse sich in der Mitte ein hoher spitziger Zuckerhut erhob, von einem Halbmond gekrönt.

"Das ist die Sauja Sidi Brahim", sagte Naui. Seiner Erklärung nach war es eine Art Gedächtniskapelle [...] Später, als ich in Bou-Saâda wohnte und dort gut bekannt war und wußte, daß einmal wöchentlich dort drinnen die Tambourins erdröhnten, bot mir ein befreundeter Araber an, mit ihm hinzugehen.

"Ich möchte die Leute aber nicht bei ihrer religiösen Zeremonie stören", sagte ich.

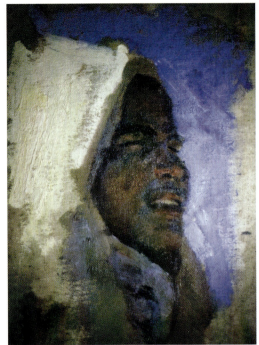

*Abbildung 13: Junger Araber (1913) und Abbildung 14: Kopfstudie*

44

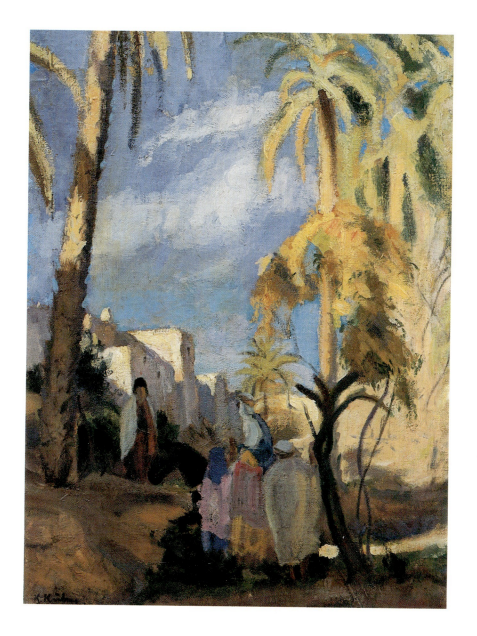

*Abbildung 15: Afrika (undatiert)*

*Abbildung 16: Grauer Tag (undatiert)*

*"Du störst nicht, wir kennen dich. Komm!"*
*erwiderte er.*

*Die Sterne schienen, die Tambourins dröhnten. Als wir eintraten, war der Raum, dessen Wände völlig nackt waren, voll von Menschen und es roch stark nach Weihrauch, dessen Dämpfe aus ein paar Kohlenbecken emporstiegen. Ich sah zwischen den Burnussen, den braunen Gesichtern und Gennurs hindurch etwas Weißes wogen, kreisen, ein Paar Arme mit Tambourins hochschwingen. Als ich mich mehr hindurchgezwängt hatte, drehte sich in immer schneller werdendem Takte ein Kleiderbündel - ein altes Weib, sagte mir mein Begleiter, gehetzt von den Tambourins, die von zwei Burschen teils in der Luft, bald nah an ihrem vermummten Kopfe geschlagen wurden. Der Rhythmus machte nicht nur die Alte toll, sondern alle. Beim Anblick und inmitten dieser vor Erregung keuchenden Menge fühlte ich, daß diese faszinierende Masse eine gefährliche Einheit von großer Kraft sein konnte. Die Tambourins hetzten die Alte mit hysterischer Wut, bis sie, die Arme wild in die Luft gestreckt, zusammenbrach.*

*"Jetzt wird sie wieder zum Leben zurückgerufen, sie wird massiert", sagte mir leise mein arabischer Freund. Nach ihr kam eine andere, nach der wieder eine andere, und so ging es weiter, jede Woche einmal, der Tanz zur Ehre Sidi Brahims. [...]*

*Ich hatte durch Bekannte öfters Gelegenheit, in arabische Häuser zu kommen. Meist sind sie sehr ärmlich, der Raum oder die Räume halb dunkel, weder Stühle noch Tische, höchstens eine Matte oder Teppich. Nur bei Wohlhabenden sind die Wände geweißt. [...] Die meisten sind aus Tub, d. h. nur von der Sonne gebrannten Lehmziegeln erbaut, sie haben oft nur ein Erdgeschoss, das Dach bildet die Terrasse. Fenster nach der Straße sind nicht üblich, höchstens kleine Löcher, einen oder zwei Ziegel groß. Als ich in einem gemieteten Araberhaus wohnte, hatte mein Schlafzimmer nur ein Fensterloch, durch das ich vom Bett aus meinem Burschen früh, wenn er unten ans Tor donnerte, den großen messingenen Hausschlüssel zuwarf. [...]*

*Um die Mittagszeit war ich manchmal auf einer Moschee, durch deren Dach vom Boden her eine Palme hindurchgewachsen war. Die Moschee war alt, die Palme war alt und beschattete einen Teil der Terrasse. Im Schatten liegend sah man über Terrassen die Palmen der Oasis mit dem Kerdada dahinter, die Berge und die Wüste mit ihren vorgelagerten Dünen. Einige hundert Kilometer entfernt glänzte der schneebedeckte Gipfel des Djurdjura [Gebirgszug in der Großen Kabylei] unter dem blauen Himmel, der im Sommer meist etwas rötlich behangen ist. Da lag vor den Dünen das Champ de Courses, wo die Phantasias, die Reiterspiele geritten wurden: Immer zwei Reiter nebeneinander in vollem Galopp vor den Tribünen vorbeijagend, die Gewehre waagrecht im Anschlag, feuernd, während auf den nächsten Terrassen die* bunte Menge der Weiber sie mit ihrem trillernden Juh Juh begleitete. Da sah man in der klaren Luft eine kleine Karawane, ein paar Kamele, ein paar Reiter, Hunde, bepackte Weiber, einige Kamele mit den bunten Basseurs, den zeltartigen Sänften auf den Kamelen, in denen die bevorzugten Frauen und Kinder saßen, während Männer mit langen uralten Flinten nebenherschritten. Man sah die Ebene, die Berge, die Palmwedel über sich, den mächtigen Himmel, und man fühlte: das alles ist eins.

Und ich empfand ein großes Glück, dabei, darin zu sein.”

*Abbildung 17: Afrika (1911)*

*Abbildung 18: Alter Marokkaner (1911)*

*Abbildung 19: Im Oasisgarten (1910)*

# Kurt Kühn als Orientalist

Der Orientalismus im Sinne einer Genre-Malerei ist ursächlich eng an den Kolonialismus gebunden, daher spielt die französische (und englische) Kunst hierbei eine dominierende Rolle. Napoleons Ägypten-Feldzug 1798/99 markiert den Beginn der modernen Orientmalerei (obwohl der Orient, vorzugsweise die Türkei, bereits seit dem 15. Jahrhundert Gegenstand der Malerei waren, etwa in der Venezianischen Schule). Ägypten war im 19. Jahrhundert das vorrangige Reiseziel, daneben vor allem auch Algerien, 1830 von Frankreich erobert, bis 1962 französische Kolonie. Beim Orientalismus geht es um Malerei, *die mit einer gewissen Exaktheit im Sinne von Historiographie versucht, das Fremde einzufangen und wiederzugeben. Dabei spielt das Pittoreske eine große Rolle, in vielen Fällen ist nicht leicht zu entscheiden, ob es dem Künstler mehr um den malerischen Reiz des Fremden oder mehr um eine authentische Darstellung ging. Meist verbinden sich beide Anliegen in einem Bild. Daneben gibt es aber auch Orientalisten, die nicht in diesem Maße von der vordergründigen Realität abhängig waren, die vielmehr versuchten, den Geist des Orients einzufangen, zu malen, was den Orient kennzeichnet, aber nicht ohne weiteres sichtbar ist. Diesen Künstlern, hier sei nur Delacroix genannt, gelang es auch am besten, eine Einheit zwischen Bildgegen-*

*stand und bildnerischen Mitteln zu erreichen."* (Honzera, S. 41f.)

Im Verlauf des 19. Jahrhunderts bildete sich der Orientalismus zu einer regelrechten Modeerscheinung mit charakteristischen Sujets wie Moscheen, Basare mit exotischen Requisiten, Sklavenmärkte und Harem, Wüstenlandschaft mit Karawanen etc. aus. Die Bezeichnung 'Orientalisten' war bei den zeitgenössischen Künstlern selbst in Gebrauch; 1893 wurde die *Société des peintres orientalistes français* gegründet, analog dazu in Algerien 1897 die *Société des peintres orientalistes algériens.*

Während französische und englische Maler schon seit Beginn des 19. Jahrhunderts verstärkt den Orient bereisten, blieb für deutsche Maler das "klassische" Italien noch lange Zeit bevorzugtes Reiseziel. Die deutsche Orientmalerei setzte verspätet ein und blieb epigonal. Bezeichnend dafür sind etwa die Orientdarstellungen Carl Spitzwegs (1808-1885), der selbst niemals im Orient gewesen ist, sondern seine Motive französischen Reisebeschreibungen entnahm. Die Orientmalerei war in Deutschland weitgehend eine akademische Angelegenheit, zu ihren bekannteren Vertretern gehörten Eugen Bracht, Kühns Lehrer in Dresden, und Wilhelm Gentz (1822-1890). Im letzten Drittel des 19. Jahrhunderts erreichte der Orientalismus seinen Höhepunkt, doch entgegen einer verbreiteten Auffassung bezeichnet die Jahrhundertwende nicht sein Ende; zwar ließ das starke Publikumsinteresse nach, doch gibt es eine bis weit ins 20. Jahrhundert hineinreichende Tradition, in die auch die Afrika-Bilder Kurt Kühns einzuordnen sind. Erinnert sei nur an Max Slevogts Reise nach Ägypten (1914) oder die Tunisreise von Paul Klee und August Macke (1914).

Die Orient-Darstellungen am Ende des 19. Jahrhunderts, aber auch noch am Beginn des 20. Jahrhunderts waren stark vom Erzählerischen geprägt, es handelt sich oft um gemalte Berichte historischer Ereignisse oder aber um Suggestionen einer Märchenwelt, mit Figuren wie Scharfrichter oder Sphynx, Genreszenen und häufig erotischen Darstellungen (charakteristisch ist etwa das Werk Etienne Dinets). Von dieser Art Malerei sind die Bilder Kühns sichtbar weit entfernt. Honzera kommentiert:

*"Vor dem Hintergrund der dramatisch inszenierten Orientmalerei des Jahrhundertendes, die großen Wert auf laute Farben und pompöse Wirkung legte, nehmen sich die Bilder Kurt Kühns eher bescheiden, um nicht zu sagen nüchtern aus.*

*Statt des Inszenierten tragen zum Beispiel seine Marktszenen eher den Charakter des zufällig Beobachteten, des momentanen Ausschnitts, weniger des gesucht malerischen Arrangements. Das soll nicht heißen, daß sie nicht wohl komponiert seien,*

*doch sind sie nicht in erster Linie auf Wirkung berechnet, als dem Wunsch um eine angemessene Darstellung entsprungen. Das Bemühen um Authentizität und einer dieser gerecht werdenden malerischen Umsetzung stand dabei eindeutig im Vordergrund. [...]*

*Aber nicht nur in der formalen Art und Weise der Darstellung unterscheidet sich Kurt Kühn von vielen Vertretern des Orientalismus. Stand er zwar nicht an der Front der künstlerischen Avantgarde, so war er doch recht frei von jenem konservativen Akademismus, dem so viele Orientalisten zeit ihres Lebens verhaftet waren, was ihre Maltechnik und ihr Kolorit angeht. Eine entscheidende Rolle spielte dabei sicherlich, daß er frei von Erfolgszwängen war. Er war aufgrund seiner materiellen Lage nicht darauf angewiesen, Bilder zu verkaufen und sich notfalls dem Publikumsgeschmack unterzuordnen. So konnte er in Afrika eine Malerei entwickeln, die dem Gegenstand angemessen war und ihm keineswegs aufoktroyiert wurde, die sich von seinem früheren Stil grundsätzlich unterschied.*

*[...] Seine Palette hat sich in Afrika völlig geändert. Sie hellte sich sehr stark auf, er beschränkte sich auf wenige Farben innerhalb eines Bildes. Die wichtigsten Farben sind sandfarbenes Gelb, helle Ockertöne, Rosa, Blau. [...]*

*Zusammenfassend kann gesagt werden, daß Kurt Kühn in Afrika einen eigenen Stil fand, der sich durch ein eigenes Kolorit,*

*durch eine Übereinstimmung von Bild-*
*gegenstand und dessen Umsetzung ins bild-*
*nerische Gestalten auszeichnet und sich*
*damit von seinen vorausgegangenen*
*Arbeiten ganz wesentlich unterscheidet.*

*Innerhalb des Orientalismus ist ihm auf-*
*grund der Arbeiten sicherlich ein hervor-*
*ragender Platz einzuräumen. [...]*

*Kurt Kühn hat also in Afrika nicht nur*
*eine Tradition sinnvoll neubelebt, er hat*
*darüber hinaus zu einem neuen Stil*
*gefunden, der für seine weitere künstle-*
*rische Entwicklung die Grundlage bildet."*
(Honzera S. 79, 81-82, 88.)

*Abbildung 20: Cap Matifou (undatiert)*

# Gefangenschaft und Flucht

Sobald der Krieg offiziell erklärt worden war, erging im französischen Algier die amtliche Aufforderung, sämtliche Deutsche und Österreicher hätten sich im Rathaus zu melden. Sie wurden zu Zivilgefangenen erklärt und nach Fort Empereur gebracht, einer alten Kaserne auf einem der höchsten Gipfel der Stadt. Zu den Gefangenen gehörte neben Kurt und Margarethe Kühn auch der Münchner Alex Gradl, der sich damals geschäftlich in Algerien aufhielt. Nach seiner Flucht 1919 wieder in München, hielt Gradl seine Erlebnisse aus der Gefangenschaft schriftlich fest und gestaltete sie, versehen mit Fotografien und eigenhändigen Zeichnungen und Aquarellen zu einem faszinierenden, persönlichen Reisetagebuch. 1937 starb Alex Gradl; seinem Reisetagebuch, das sich im Nachlaß von Kurt Kühn fand, sind die hier dargestellten äußeren Umstände der Gefangenschaft entnommen.

Unter den rund zweihundert Gefangenen - Männern, Frauen und Kindern - befanden sich unter anderem Angestellte eines deutschen Kohlendepots, das Personal zweier Schiffahrtsgesellschaften, zwei Hotelbesitzer mit ihren Bediensteten, Kaufleute, ein Amtsrichter aus Preußen, ein Gelehrter, drei Kunstmaler sowie eine große Anzahl Erholungsreisender, darunter ein ungarischer Graf, ein Zahnarzt, ein Fleischer aus Hamburg, drei jüdische Familien aus Galizien, ferner Matrosen, Weltenbummler und Globetrotter. Auf die Nachricht hin, zwei deutsche Kriegsschiffe hätten algerische Städte beschossen, verschärfte sich die Lage für die Gefangenen. Im Dezember 1914 wurde den deutschen (nicht aber den österreichischen) Frauen, Kindern und Greisen die Abreise nach Deutschland ermöglicht.

Im Januar 1915 erfolgte die Verlegung der Gefangenen nach dem am Meer gelegenen Cap Matifou, ursprünglich eine Quarantänestation für Mekkapilger (Abb. 20). Dort erging es ihnen zunächst nicht schlecht. Der amerikanische Konsul setzte sich nach eigenem Bekunden für sie ein. Sie bekamen Fleisch und Wein und begannen im Frühjahr, Gärten anzulegen und Kartoffeln anzupflanzen. Als jedoch bekannt wurde, daß drei Matrosen auf einem norwegischen Dampfer die Flucht gelungen war, wurden die Gefangenen schikaniert und die Verpflegungslage verschlechterte sich. Wiederum erfolgte eine Verlegung, diesmal nach Birwagiyah (französisch Berrouaghia), 80 km im Landesinneren gelegen. Mögliche Fluchtversuche sollten so erschwert werden.

In Birwagiyah befand sich ein "landwirtschaftliches Zuchthaus" (pénitencier agricole), in dem einheimische Gefangene zu Zwangsarbeit bei der Obst- und Weinernte und beim Eisenbahn- und

*Abbildung 21: In der Gefangenschaft (undatiert)*

Straßenbau verurteilt waren. Die Deutschen und Österreicher wurden nicht zusammen mit den Zuchthausinsassen, aber doch in gleicher Weise wie diese untergebracht - in steinernen Baracken, von hohen Mauern umgeben. Es gab keine Betten, sondern nur Strohsäcke, Ungeziefer, Spinnen, Skorpione und einen einzigen Wasserhahn für alle Gefangenen. Diese waren inzwischen noch mehr geworden, es kamen deutsche Legionäre, sowie Türken, Bulgaren und Ungarn hinzu. Erst als die hygienischen Verhältnisse einen kritischen Punkt überschritten - ein junger Mann wurde krank und starb innerhalb weniger Stunden - wurde eine Schweizer Ärzte-Kommission zur Betreuung zugelassen.

Im Frühjahr 1916 kam die Anweisung, das Gefangenenlager in Algerien aufzulösen und die Internierten nach Frankreich zu bringen. Auf der "Charles Roux", einem alten Dampfer der Compagnie Generale Transatlantique, fuhren sie Ende Mai zunächst in Richtung Balearen und dann zum französischen Hafen Port Vendres. Von dort aus ging es mit dem Zug durch die Pyrennäen bis Lannemaison. Ein zehn Kilometer langer Fußmarsch brachte sie in das Lager Garaison, etwa 70 km von der spanischen Grenze entfernt (Abb. 23). Dort befanden sich bereits 1200 Gefangene, die seit Kriegsbeginn dort festgehalten worden waren. Es gab eine Kantine, wo man Wein bestellen konnte sowie weitere Annehmlichkeiten, auf die man lange hatte verzichten müssen. Das Gefangenenlager war in

einer alten, halb verfallenen Klosteranlage angesiedelt, deren Gebäude unter Einsatz von Lagergefangenen als Sanatorium wiederhergestellt werden sollte. (Später wurde daraus ein Kriegsblindenheim.) Im Lager selbst war ein regelrechtes Dorf entstanden, mit Ärzten und einer Hebamme, Friseur, Konditor, verschiedenen Handwerkern, einem Basar und einem Kaffeehaus; sogar eine Kegelbahn gab es. Man organisierte Vorträge und eine Leihbibliothek. Hier machte Kühn die Bekanntschaft mit Albert Schweitzer (1875-1965), der seit 1913 in Lambarene war und dort, im französischen Kolonialgebiet, 1914 zum "feindlichen Ausländer" erklärt, interniert und nach Europa zurückgebracht wurde. Sein Weg führte ihn 1918 in das Gefangenenlager Garaison, von wo er im Austauschverfahren noch vor Kriegsende ins heimische Elsass zurückkehren konnte.

Doch auch nachdem der Waffenstillstand und endlich das Ende des Krieges besiegelt

GARAISON
PH. THÖRMER

*Abbildung 22: Gefangenenunterkunft (undatiert)*

war, ließ man Kühn, wie auch die anderen Gefangenen, nicht sogleich frei. Im August 1918 wurden sie über Toulouse und Avignon nach Verviers im Rhonetal gebracht. Von hier aus gelang es Kühn Ende Juli 1919, nach Deutschland zu entkommen. Über die zuletzt unerträglichen Umstände des Gefangenseins und seine Flucht hat Kühn anschließend einen Bericht in einer Tageszeitung veröffentlicht, den wir hier in leicht gekürzter Form wiedergeben.

"... Die Tage gingen vorüber; Deutschland sank immer mehr. Wir ersahen das nicht nur aus französischen, sondern auch aus durchgeschmuggelten neutralen und deutschen Zeitungen.

Im Winter [1917] froren wir wieder wie die Hunde in unseren kalten Zimmern, wenn der Mistral blies, der eisige Gebirgswind, der mehrere Tage hintereinander von den Alpen her das Rhonetal herunterpfeift. Den ganzen Winter über war ich voller Frostbeulen, sodaß es mir oft kaum möglich

war, meine Wäsche zu waschen. Und der Regen war zwar wärmer, aber niederdrückend, traurig. Und der Wein war teuer.

Im Frühling und Sommer wurde es besser, wenigstens inbezug auf die materielle Seite des Lebens. Das Essen war zwar nach wie vor eintönig und miserabel - nachdem man uns eine Weile mit Lupinen gefüttert hatte, mußte der Arzt sie untersagen, weil sie zu viel Strychnin enthielten -, es gab sumpfigen Reis, "Vogelfutter", ein Gemisch von unschmackhaften Trockengemüsen und Hülsenfrüchten, dann Bohnen, gelegentlich Fleisch. Zuletzt gab es dreimal in der Woche Fleisch, aber erst seit nicht langer Zeit.

Der Friede wurde von Deutschland unterzeichnet. Raketen, Böller, Marseillaise. An dem Abend haben wir auf unseren Zimmern mit Wein die graue Stunde zu besiegen getrachtet, sonst hätten wir das heulende Elend gekriegt.

In B. [= Verviers] hatten wir wieder aus Sendungen, Vorgefundenem und Gestifte-

*Gefangenenunterkünfte (Zeitgenössische Fotografien)*

*Abbildung 23: Garaison (1916)*

tem eine ansehnliche Bibliothek zusammenbringen können. Vorträge wurden gehalten über Philosophie, Geologie, andere Naturwissenschaften, Sprachkurse, alles natürlich unentgeltlich von Deutschen für Deutsche. Von Zeit zu Zeit tauchten Austausch- und Abreisegerüchte auf, entzündeten das ganze Lager, erloschen. So ging es die ganze Zeit über - bis es mir zu dumm wurde. Ausreißversuche waren genug unternommen worden in den 9 Monaten, aber fast alle Ausreißer waren zurückgebracht worden. Ich hatte schon in G[araison] einen Fluchtplan bis in die Einzelheiten - soweit das möglich ist - ausgearbeitet, Karten vergrößert usw. Durch die Austausch- bzw. Heimfahrtaussichten getäuscht, hatte ich natürlich nichts unternommen, denn ich wollte nicht in Spanien sitzen, anstatt in Deutschland, und es war sehr unsicher, ob es mir glücken würde - die erste Flucht als glücklich abgelaufen vorausgesetzt -, von Spanien nach Deutschland zu kommen. Das war für einen Seemann allenfalls möglich, mich aber hatte schon zu Ausbruch des Krieges in Algier ein spanischer Kapitän als für die Sicherheit seines Schiffes gefährlich zurückgewiesen.

Die Pyrenäen sind auf Nebenwegen allenfalls zwischen Mai und September zu überschreiten. In diese Zeit fielen unsere Hoffnungen auf Heimkehr. Mit dem Schnee in den Bergen kamen die schlechten Nachrichten. Da fiel mir ein, daß 5 Jahre Gefangenschaft denn doch zuviel sei, daß wir genarrt worden waren und daß die Freiheit,

wenn nicht jedes, so doch große Opfer verdiene. Außerdem hatte ich die Gewißheit, verrückt oder mindestens zu meinem Lebenswerk untauglich zu werden, wenn ich dabliebe. In Afrika, auch in G. hatte ich immerhin etwas arbeiten können, hatte Figuren in Landschaft, Porträts, Landschaften gemalt, Kompositionen und alle möglichen Einfälle gemalt und gezeichnet; in B. hatte ich zuerst einen Monat lang die Kantine mit ihren Kunden zeichnerisch und malerisch ausgebeutet; dann zeichnete ich noch ein paar Porträts - Farben hatte ich keine mehr - und dann wurde mir alles "zu dumm". Dabei sehnte ich mich nach Arbeit. Man hatte klar genug das Manöver Clemenceaus gesehen. "Wenn ihr muckt, behalten wir eure Gefangenen." So hatte man zu den Deutschen ja deutlich genug gesprochen. Wie lange das noch dauern würde, konnte kein Mensch wissen. Und schließlich ist auch das wertvollste Gepäck nicht die Freiheit wert - auch wenn Wäsche, Anzüge, Bilder und Studien vielleicht verloren sind, sind sie immer nicht ein paar Monate verlorenen Lebens wert - es konnten und können auch mehr als ein paar Monate sein. Außerdem machten Familienangelegenheiten meine Heimkehr nötig. Ich beschloß, Ende Juli abzureisen, hatte mich nach allem erkundigt, wonach man sich unauffällig erkundigen konnte, hatte verschiedene auswechselbare Pläne im Kopfe, falls einer versagen sollte und ich nicht gerade festgenommen wurde, und war so eines Tages reisefertig.

Da meine Kameraden noch dort sind und man nie weiß, wieweit der Teufel seine Hand ins Spiel mischen kann, muß ich aus guten Gründen manche interessante Einzelheit übergehen. Ich muß gestehen, daß ich bei manchen Gelegenheiten auf dieser Flucht ein Glück gehabt habe, das ich mir auch fürderhin wünsche. So bin ich gleich zu Anfang, 4 Kilometer vom Orte entfernt, einem leichtgläubigen Gendarmen entkommen. Bei meinem Plane baute ich vor allem darauf, daß man mir nicht den Boche anmerken würde - ich lebte seit 1905 in Frankreich und Algerien, hatte mir auch einen schönen, fast schwarzen Bart stehen lassen, der zusammen mit meiner gelblichen Hautfarbe keinen Verdacht germanischer Herkunft erweckte. Ich hütete mich auch, es zu machen wie andere, die man erwischt hatte und die sich in der Gefangenschaft gewachsene Bärte abrasiert hatten.

Bis zur nächsten Bahnstation auf dem anderen Rhoneufer hatte ich 12 oder 14 Kilometer zu laufen, aber nie hat mich die Mittagssonne weniger gestört als damals. Mein Gepäck war ein kleines Paket von anständigem, bescheidenem Aussehen, das etwa irgendwelche frisch gekauften Kleinigkeiten enthalten konnte; in Wirklichkeit enthielt es Wasch- und Rasierseife, ein paar Strümpfe und eine Tafel Schokolade, die ich als Geschenk nach Hause bringen wollte und auch gebracht habe.

In der kleinen Stadt angekommen, setzte ich mich auf eine Bank in die Anlagen beim Bahnhof, wo ich gut sehen konnte, aber wenig gesehen wurde, entfaltete eine Zeitung und paßte auf, um gegebenenfalls Soldaten oder gar den Kommissär aus B. zu vermeiden. In einem Herrn glaubte ich den Kommissär zu erkennen. Ich ging ihm nach, um zu wissen, woran ich war. Er war es nicht. Aber auf dem Bahnsteig, wo ich fast eine Stunde auf den verspäteten Zug warten und ein natürlich harmloses Gesicht machen mußte, sah ich mehrere Gesichter aus B., namentlich ein paar Frauen. Aber niemand kannte mich. Und als ich erst im Zug saß, 2. Klasse, der unauffälligsten, war mir ganz wohl. Bald war ich mit ein paar Sousleutnants, die mir gegenübersaßen, und einer Dame aus Nizza im Gespräch - über Politik und Volkswirtschaft. Die Leute waren vernünftig im Kleinen und borniert im Großen.

In Lyon kam ich glücklich, ohne von einem der zahlreichen Spitzel angehalten zu werden, aus dem Bahnhofe heraus und ging sofort in ein Restaurant, wo ich mir ein reichliches Abendessen mit gutem Wein vorsetzen ließ. Ein Invalide bot mir ein paar Rosen an; ich mußte sie wohl oder übel kaufen und schenkte sie dann der Kellnerin. Die Zeit bis zum nächsten Morgen um 7 Uhr mußte ich verbringen, ohne in ein Hotel zu gehen, denn in Lyon ist man neugierig nach Identitätsausweisen, und gerade daran fehlte es mir. Auf dem großen Platze unten vor dem Bahnhof tobte der Bumbum eines großen Jahrmarktes. Man hatte mir gesagt, daß das so bis um halb 1 gehen würde. Ich trank also erst noch eine Flasche Wein in einem Kaffeehause und ging dann auf den Jahrmarkt. Es wimmelte von Soldaten - darunter vielen Negern und einigen Arabern - und Mädeln, die sich amüsierten, so gut sie konnten. Dann erloschen die Lichter, und ich ging auf den Bahnhof zurück, wo ich unter der Menge, die vor den Schaltern liegend, sitzend, schlafen und gähnend den Morgen erwartend, die Nacht verbrachte. Schlafen konnte ich nicht, denn es war keine Kaffeebank zum Liegen mehr frei. So stand ich angelehnt, sah den verschiedenen Spitzeln zu, die von Zeit zu Zeit, immer wieder in anderer Aufmachung, durch die Halle strichen, rauchte und wartete.

Endlich kam der Morgen; ich ging heraus, trank einen Kaffee und wartete, bis sich genug Menschen vor meinem Schalter gesammelt hatten. Dann mengte ich mich hinein, kam mit der Menge durch die Sperre, ohne nach Papieren gefragt zu werden, kam in den Zug und fuhr direkt nach Straßburg. [...]

Nun erwarteten mich die Hauptschwierigkeiten der Reise. "Wenn einer eine Reise tut" von oder nach Straßburg, so soll er eine Reiseerlaubnis und ein Identitätspapier haben. Ich hatte keines. Ich kam also im letzten Moment an den Schalter, verlangte ein Billett nach Köln in höchster Eile, drängte den Beamten, ließ mir einen 100 Franc-Schein wechseln und stürzte davon. An der Sperre stand links der Beamte, rechts der Poilu, der die Pässe

nachzusehen hat. Den Soldaten rannte ich in meiner Eile halb um, fluchte, daß er im Wege stand und ich womöglich den Zug verpassen würde und stürzte auf den Bahnsteig. Dort eilte ich zwischen mehreren Menschengruppen hindurch und stieg in ein Abteil, wo ich einen schönen freien Eckplatz fand. Neben mir saß ein fideler Marseiller, mit dem ich bald ins Gespräch geriet, Vertreter einer franko-marokkanischen Gesellschaft, sehr intelligent und - Seltenheit bei einem Franzosen! - des Deutschen, Spanischen und Englischen mächtig. Er war der Meinung - jeder Marseiller ist ein großer Politiker -, daß dieser Gewaltfrieden eine große Dummheit französischerseits sei, daß Deutschland sich trotzdem erheben und der Friedensvertrag keine 2 Jahre in Kraft bleiben würde, da ihn die eigenen Völker des Verbandes bald umstoßen würden. Der Mann hatte von den Franzosen eine bessere Meinung als ich, obgleich er genug auf sie schimpfte. Man schimpft nicht nur bei uns auf das eigene Volk. In Frankreich schimpfen alle auf die Regierung und nur einige - und auch nicht die dümmsten - auf das Volk, das sich die Regierung gefallen läßt.

Wir kamen nach Saargemünd. Beim Saargebiet hört Elsaß auf; man kommt ins besetzte Gebiet und an die Paßgrenze. Ich sah - war es in Saargemünd oder in Saarbrücken? - den Zollbeamten mit einem Gendarmen am Wagen entlang gehen und einsteigen. Vor dem Zollbeamten hatte ich keine Angst, den paßheischenden Gendarmen scheute ich aber sehr. Ich war in diesem Moment mit einem Marseiller allein im Abteil und fing ein Geschwätz mit ihm an, daß ihm als alten Maridionalen geradezu wohl werden mußte. Wir lachten, erzählten mit Mund und Hand und schwatzten derart, daß niemand auf die Idee kommen konnte, daß da ein entsprungener Deutscher saß. Der Zollbeamte fragte, ob wir etwas zu verzollen hätten, aber es war nur pro forma, und der Paßheischer blieb gleich draußen stehen, als er uns derart schwatzen hörte. Es wäre ja auch widersinnig, wenn ein Beamter, der die Pflicht hat, Ganz-, Halb- und Vierteldeutsche zu schikanieren, reinblütigen Franzosen das Leben schwer machen wollte. So hat mir ein braver Marseiller, ohne es zu wissen, aus einer argen Klemme geholfen. Er stieg aus und ich fuhr weiter, nun durch deutsches Land, wenn es auch von Amerikanern, dann Engländern besetzt war. Im Zuge saßen Deutsche, die Schaffner sprachen deutsch; der Alb fing an, zu weichen. Wir fuhren durch Gerolstein und die Eifel, ich fragte die Leute nach Land, Sitten und Erlebnissen und die Heimat fing an, mir wieder näher zu kommen.

Ich hörte, daß in Köln nachts Paßzwang sei, stieg also vorher aus und ging in ein Dorf, um dort zu übernachten. Es war nahe an Mitternacht, die 3 Gasthäuser waren mit Engländern überfüllt, und ich geriet in eine englische Patrouille. Es regnete, ich war schon müde und mir schien, jetzt könnte der Freiheitstraum ein jähes Ende haben. Es waren drei Mann mit Gewehren. Ich sagte ihnen, als sie mich anhielten, sie möchten mir doch ein Gasthaus zeigen; ich hätte mich verspätet und möchte lieber hier schlafen als in mein Dorf zurückgehen. Sie entsprachen zwar nicht meinem Wunsche, ließen mich aber ohne weiteres laufen.

Diese Nacht habe ich im Regen auf einem verlassenen deutschen Fort zugebracht. Früh ging ich dann in die Stadt. Es wimmelte von Engländern. Tabak kostete durchschnittlich 4 M die 100 Gramm, ein großes rundes Stück französischer Seife 5 M usw. Die Restaurants teuer, wohl ebenso oder fast so wie im unbesetzten Gebiete. Ich kaufte mir ein deutsches Buch und sah mir die Leibl im Wallraf-Museum an. Dann bin ich noch 2 Tage in Köln gewesen, die ich von früh bis in die Nacht verwendet habe, um mein Entkommen uns freie, unbesetzte Deutschland möglich und wahrscheinlich zu machen.

Am Abend des 29. Juli war ich frei. K.K."

*Abbildung 24: München, im Park (1919)*

*Abbildung 25: Holzhausen, Kühns Garten (1920)*

# Zwanziger und Dreißiger Jahre

Im Sommer 1919 war Kühn, jetzt 38 Jahre alt, das erste Mal seit acht Jahren wieder in Deutschland. Zusammen mit seiner Frau, die schon früher aus der Gefangenschaft entlassen worden war, wohnte er nun in dem 1912 erbauten Haus in Holzhausen, am Ufer des Ammersees. Dort richteten sie sich mit bescheidenen Mitteln ein und bestellten den Garten. Es fiel Kühn nicht leicht, sich in den neuen Verhältnissen in Deutschland zurechtzufinden. Die in Holzhausen ebenfalls ansässigen alten Bekannten aus München boten einen gewissen sozialen Halt und einen Anknüpfungspunkt, aber es fehlte doch die Perspektive, von der aus sich in die Zukunft blicken ließ. In einigen der Bilder, die Kühn in diesen Jahren gemalt hat, erkennt Honzera in der Farbgebung wie in der Komposition eine gewisse Substanzlosigkeit und fehlende Kraft und deutet dies als mögliches Zeichen innerer Orientierungslosigkeit (Honzera, S. 105). Und doch gelang Kühn im Sommer 1920 eines seiner schönsten Bilder, der "Sonntagsspaziergang" (Abb. 27)

Im September 1921 starb Kühns Mutter. Ihre nicht unbeträchtliche Hinterlassenschaft schmolz in den Jahren der Geldentwertung erheblich zusammen; dennoch stand Kühn auch nach dieser Zeit nicht völlig mittellos da. Über die Lebenssituation nach seiner Rückkehr gibt ein fragmentarisch erhaltenes, literarisches Manuskript von Kühns eigener Hand Aufschluß, das stark autobiographische Züge trägt. Es handelt sich um eine Milieu-Schilderung aus dem Oberbayerischen, auf der Grundlage der Erfahrungen, die der Künstler als Hilfsarbeiter, Gleisbauarbeiter und Lohnbuchhalter machte.

*"Es war gar nicht so einfach gewesen, Notstandsarbeiter zu werden.*

*Als meine Mutter starb, nahm mir der Staat etwa 50 000 Mark als Reichsnotopfer und Erbschaftssteuer weg. Aber Erzberger hatte dringend zum Sparen aufgefordert.*

*Ein paar Bilder hatte ich nach der Schweiz verkaufen können, dann aber sperrte die Schweiz die Einfuhr für Bilder. Ich kündigte die Hypotheken; bis sie ausgezahlt waren, verkaufte ich Aktien. Dann waren die Aktien alle und die Hypotheken fast nichts mehr wert. Ich verkaufte bei Tannhauser ein Bild und mußte etwa einen Monat auf das Geld warten; als ich es schließlich erhielt, hätte ich mir allenfalls den Rahmen und die Farben dafür wiederkaufen können."*

Kühn verdingte sich als 'Faschinenbinder' (Besenbinder) und berichtet freimütig von seiner Ahnungslosigkeit und körperlichen Ungeschicklichkeit:

*"Wir waren etwa eine Viertelstunde von der Bahn aus landeinwärts gegangen, einen*

*Abbildung 26: Gartenarbeit (1922)*

Kilometer vor uns und rechts lag der Wald, da sah ich mitten im weiten Moos ein paar kleine Menschen an einem krippenartigen Gestell sich bewegen. Es waren ein paar Jungen, der eine etwa 16 Jahre alt, der kleinere 13. Beide sahen zigeunerhaft und verfroren aus, der ältere hatte harte, miß-trauische Augen und ein Gesicht wie ein Schmugglerlehrling. [...]

Der größere Bub, der Schorschi, mag sich gewundert haben, daß ich ihn 'Sie' nannte. Ich erkundigte mich bei ihm, während ich die Stauden stopfte, über meine jetzige Welt, in der Hoffnung, sie nach und nach zu begreifen.

'Was ist denn da drüben, wo der Rauch hochgeht?'

'Das ist der Bagger. Da kinna 'S froh sein, daß net dabei san.'

'Warum denn?'

'Oh mei, das Bagger ziagn, da tatens schaugn. Mir ham hier oiwai noch die schenste Arbeit. Gell, Franzi?'

'Des glaab i aa.'

'Muß der Herr Sucher alles allein an-schaffen und beaufsichtigen?'

'Na, mir geheern zum Lenz, das is unser Kapo.'

'Ist das der Vorarbeiter?'

'Ja, das is halt der Lenz.'

Lenz? Sonderbarer Spitzname.

'Warum heißt der denn Lenz?'

'Weil er halt an Namen haben muß.'

Erst später kam ich dahinter, daß der Mann Lorenz hieß. [...]

Am nächsten Tage - es war Samstag -

mußten Lukas und ich zum Schaufeln an eine kleine Böschung. Der scharfe Frost hatte nachgelassen, dafür trieb der Wind nasse, große Schneeflocken, die die Welt undurchsichtig verhingen, auf uns nieder und auf die lehmige Erde, die wir zu schau-feln hatten. Bei uns war noch ein Bucklier, den ich zum ersten Male sah, mittelgroß, mürrisch, mit breitem Brustkasten.

Ich merkte bald, daß Lukas in derselben Zeit ohne Anstrengung weitaus mehr lei-stete, als ich es mit Anstrengung tat. Das war mir natürlich peinlich; ich konnte es aber beim besten Willen nicht anders. Der Bucklige leistete nicht viel mehr als ich, tat sich aber auch leichter.

'Il y a toujours un tric', hatte mir einmal ein Franzose gesagt, dessen Handfertigkeit ich bewundert hatte. Hinter diesen Trick mußte ich kommen, konnte doch aber nicht dastehen, während Lukas arbeitete, und ihm zusehen. So quälte ich mich weiter in Dreck und wässrigem Schnee.

Plötzlich tauchte Sucher aus dem grauen Wettervorhang auf. Wir arbeiteten schwei-gend weiter, während er sich umsah. Da sprach er mich an:

'Herr Hauss, Sie tun sich hart und kom-men nicht vorwärts. Sie haben den Vorteil noch nicht heraus beim Schaufeln. Geben Sie mir einmal Ihre Schaufel.'

Und er zeigte mir den sehr einfachen Arbeitsgang des Schaufelns, mit Benutzung des Oberschenkels gerade über dem Knie als Hebel. Die Erdbrocken flogen. Ich bemerkte, daß er die linke Hand oben hatte

*Abbildung 27: Sonntagsspaziergang (1920)*

*und über das rechte Knie warf, aber das
mußte ja, wie es mir bequemer war, über
die andere Seite ebenso gut gehen.*

*'Aber der Lehm, wenn der pappt?'*
*'Ja, da müssen Sie ihn aufhauen, wenn kein
Wasser da ist, um die Schaufel glatt zu
halten.'*

*Er ging zum Lehm, schaufelte und ließ
die Schaufel, während er sie in der Luft
umdrehte, hauptsächlich durch das eigene
Gewicht herunterklatschen. Der Lehm-
brocken blieb an der Erde kleben, und die
Schaufel war wieder frei.*

*Allmählich lernte ich mit möglichst ge-
ringer Anstrengung möglichst viel zu
leisten. Jedenfalls: Ich hatte nicht einmal
richtig 'Dreckschmeißen' gekonnt."* [...]

Dieser Text aus dem Nachlaß hat aber
auch noch eine andere Seite: Es handelt
sich um eine Art 'Holzhausener Schlüssel-
roman', in dessen Mittelpunkt die gesel-
ligen Zusammenkünfte stehen, zu denen sich
die 'gehobene Gesellschaft' von Künstlern, Ärzten und Intellektuellen beim sonn-
täglichen Kaffee zusammenfand. Neben
Kühn als 'Hans Hauss' tritt die gesamte
dörfliche Prominenz, angefangen vom
Architekten Hollweck ('Binsing') bis zu
den Scholle-Mitgliedern Fritz Erler ('Hand-
ler'), Adolf Münzer ('Professor Noack'),
Eduard Thöny ('Leitner') und anderen
mehr in Erscheinung - oder sollte zumindest, nach einem flüchtig skizzierten Kon-
zept des 'Romans', in Erscheinung treten.
Von einer richtigen Romanhandlung kann

nicht die Rede sein; vielmehr werden vor
allem die politischen und philosophie-
renden Gesprächsbeiträge zwischen
koffeinfreiem Kaffee und Rahmstrudel in
epischer Schwerfälligkeit ausgebreitet, wird
in biedermeierlich-beschaulicher Atmo-
sphäre über die deutsche Existenz nach
dem ersten Weltkrieg und die Polarität von
'Künstler' und 'Tatenmensch' räsonniert.

In einer Passage dieses Romanmanu-
skriptes hält Kühn fest, wie ihm ein Holzhausener Bekannter ein delikates Angebot
macht; deutlich wird hier, wie sehr Kühn
darum rang, etwas tun zu können, wie er zu
(fast) allem bereit und froh war, wenn sich
nur überhaupt irgendeine Möglichkeit bot.
Gleichzeitig erhält der Leser in dieser
Passage eine interessante Vorstellung
davon, wie die bildliche 'Fantasie-Arbeit'
des Malers funktioniert.

*Kaffeegesellschaft vor dem Atelier Münzer in Holzhausen.
Zweiter von rechts Kurt Kühn, links neben ihm seine Frau
Margarethe.*

"Sonntag früh stand ich auf der Wiese im Garten und malte, nur mit alten Hausschuhen, einer Leinwandhose und meinem alten Malerkittel bekleidet, auf dem Kopf einen breiten Hut gegen die Sonne.

Das Laub tief hängender Buchenäste bildete vor dem dahinter in der Tiefe fließenden Bach und der Dunkelheit des jenseitigen Ufers mit seinen Büschen und Bäumen einen hell- und dunkelgrünen Vorhang, von tiefen grünen und schwarzroten Lücken unterbrochen. Ich stellte mir teils in den Lücken, teils vor dem Lauf ein paar weibliche Akte vor, und da meine Einbildung ungehemmt schalten und walten konnte, fügten sich die Leiber in Form und Farbe so, daß ein wunderbarer Gobelin-Traum entstand.

Als ich das 'gesehen' hatte, war ich schleunig ins Haus gesprungen, hatte mir Malzeug und eine fertig präparierte Leinwand geholt und malte nun meine Phantasie, von der Natur unterstützt und von ihr ausgehend.

Ich hatte mich vorher so intensiv und bereits ins Einzelne gehend in meinen wachen Traum vertieft, daß ich jetzt sehr schnell arbeiten konnte, zumal ich viel Akte gezeichnet und gemalt hatte. [...] Ich war in der Hauptsache fertig - das Wenige, was noch zu tun war, hatte ich völlig klar im Kopf - als ich auf dem Kiesweg von links her Schritte hörte.

Erstaunt, weil ich das Tor nicht hatte aufgehen hören, drehte ich mich um und sah Leitner mit seinem großen Hut und seiner langen Virginia auf mich zukommen, lang, schmal, elegant, die linke Hand wie immer in der Hosentasche.

'Lassens Ihnen net stören', sagte er, 'ich setz mich derweil auf die Bank.'

Ich tat noch ein paar Striche, hörte dann auf und begrüßte ihn. Meine Arbeit gefiel ihm außerordentlich, was mir nach den vielen Unfreundlichkeiten des Lebens recht lieblich einging. Wen sollte es nicht freuen, von einem der hervorragendsten Zeichner gelobt zu werden? Dazu bot er mir noch eine Virginia an. [...]

Er fuhr mit der Rechten ein paar mal von oben nach unten und umgekehrt über sein schwarzes Schnurrbärtchen und sagte:

'Also, Herr Hauss, abgesehen von der Einladung zum Kaffee, die ich Ihnen und Ihrer Gattin überbringen sollte [...], habe ich ein besonderes Anliegen. Ich habe vom Presseamt Berlin die Aufforderung erhalten, im besetzten Gebiet, Essen, usw. zu zeichnen, zu hören, zu schreiben. Meine Frau läßt mich absolut net fort, kommt mir mit meinen Kindern dazwischen gefahren und sieht mich schon füsiliert, gehängt und derschlagn.

Möchten Sie das vielleicht machen? Bezahlt wird selbstverständlich gut, Ihre Art zu zeichnen halte ich für ausgezeichnet für die Sache, namentlich die Auslandspropaganda, mit einigen Wassern sind Sie ja gewaschen, sprechen französisch, naja und ... natürlich, man hat den Kopf in der Schlinge. Was meinen Sie?'

*Abbildung 28: Weiblicher Akt (undatiert)*

'Da brauchts keine lange Überlegung,
Herr Leitner. Ich hätte der Regierung ja
gar nicht zugetraut, daß sie mal zum
Propagandaangriff übergeht. Na, und
interessant ist doch die Sache.'

'Und Ihre Frau Gemahlin, was wird die
sagen?'

'Kinder hab ich keine, und meiner Frau
gebe ich in allen Kleinigkeiten nach, bei
dieser Sache geht das natürlich nicht.'

Wir besprachen die Sache weiter, Leitner
gab mir alles Wissenswerte an und wir
machten aus, daß er mich als Ersatzmann
vorschlagen und ich gleichzeitig nach
Berlin schreiben sollte. [...]

Nach ein paar Tagen erhielt ich einen
Brief aus Berlin, worin man mich aufforder-
te, mich an das Presseamt in X (dicht neben
dem besetzten Ruhrgebiet) zu wenden.

So wollte ich mit meiner Freiheit denn
doch nicht spielen. Erstens konnte X von
einem Tag zum andern von den Franzosen
besetzt werden, und auf alle Fälle war dort
sicher das Presseamt unter guter Bewa-
chung französischer Spitzel, und ich wäre
wohl schon am ersten Tage meines Aufenthaltes im Ruhrgebiet 'gepflückt' worden. [...]

Ich habe überhaupt nicht geantwortet,
was Leitner auch in Ordnung fand. Man
überließ also entweder dort wichtige Sachen unfähigen oder gleichgültigen Beamten, oder der betreffende Beamte
w o l l t e , daß es ein Schlag ins Wasser
würde (wobei es auf den Hals des
Zeichners nicht ankam), oder die ganze
Institution war oberfaul."

Eduard Thöny (1866-1950), den Kühn in
dieser Episode offenbar verewigt hat, lebte
seit Ende des Ersten Weltkrieges mit seiner
zweiten Frau und drei Kindern in Holzhausen, wo er sich 1908 ein Haus gebaut
hatte. Die Einladung zum Kaffee, die er
hier ausspricht, entspricht der Neigung zu
Gastfreundschaft und Geselligkeit, für die
das Haus Thöny bekannt war. Franz von
Defregger und Ludwig Thoma waren oft zu
Besuch, ebenso wie sein berühmter
"Simplicissimus"-Kollege Olaf Gulbransson; dieser soll, so die Überlieferung,
während eines längeren Aufenthaltes in
Holzhausen im Hause Kühns gewohnt
haben. (Kessel-Thöny, S. 52.) Eine engere
Freundschaft zwischen Kühn, dem eine
ernste Natur ei-gen war, und Thöny mit
seinem 'simplizistischen' Humor ist kaum
vorstellbar - im zitierten Text steht ja auch
das distanzierte 'Sie' zwischen beiden.
Doch scheint durchaus ein freundschaft-
licher Kontakt bestanden zu haben. Inwie-
weit die dargestellte Szene ein reales Vor-
kommnis wiedergibt oder Kühns literari-
scher Fantasie entsprungen ist und dem
Handlungskonzept des Romans zugehört,
muß offen bleiben.

Im Sommer 1924 verließ Kühn Holzhausen und ging nach München. Weder ist
klar, was er dort zu unternehmen gedachte,
noch was er dann wirklich tat. Zunächst
wohnte er wiederum in der Schwabinger
Ainmillerstraße - im selben Haus, das einige Jahre zuvor Rainer Maria Rilke und Lou
Andreas-Salomé bewohnt hatten -, bald

*Abbildung 29: Margarethe Kühn (1912)*

darauf in der Barer Straße, dann in der Hartmannstraße. Seine Ehe war gescheitert. Nach der Scheidung überließ er Margarethe das Haus in Holzhausen. Aus einem alten Dokument geht allerdings hervor, daß Kühn, zumindest bis 1935, der Besitzer des Hauses war. Margarethe blieb bis in die 50er Jahre dort wohnen, verkaufte dann das Haus und ging in die Schweiz, wo sie 1982, fast 94jährig, starb. Haus und Atelier in Holzhausen konnten bis heute weitgehend im Originalzustand bewahrt werden; von den nachfolgenden Besitzern wurden

*Adolf Münzer*

äußerlich wie im Inneren kaum Veränderungen vorgenommen.

Im März 1925 zog Kühn nach Krefeld; Honzera berichtet, daß das Münchner Architekturbüro Wach und Roskotten dort eine Gobelin-Fabrik gegründet und Kühn zur Farbzusammenstellung in der Fertigung beschäftigt habe. Die Firma soll jedoch schon bald vor dem Bankrott gestanden haben.

Sicherlich ist es auch auf den Einfluß Adolf Münzers (1870-1953) zurückzuführen, daß Kühn sich im April 1927 entschloß, nach Düsseldorf zu ziehen. Münzer, den Kühn in seiner Studienzeit in München kennengelernt hatte, war seit 1909 Professor an der Düsseldorfer Kunstakademie. Bereits 1902 hatte er sich, mit Unterstützung des "Jugend"-Verlegers Georg Hirth, ein Atelier in Holzhausen bauen lassen, wohin er sich nach seiner Emeritierung 1932 zurückzog.

Durch Münzer machte Kühn auch die Bekanntschaft mit der 22 Jahre jüngeren Charlotte Bracht (1902-1988). Sie war die Tochter eines Düsseldorfer Ober-Ingenieurs, eine begabte Klavierspielerin und eng mit der Familie Münzer befreundet. Die beiden heirateten 1933, auch diese Ehe blieb kinderlos. Ab diesem Zeitpunkt, also für die letzten 30 Lebensjahre Kühns, gewinnen die biographischen Angaben Honzeras eine neue Zuverlässigkeit, da sie auf den persönlichen Erinnerungen Charlottes beruhen, die den Maler bis an sein Lebensende begleitet hat.

*Abbildung 30: Charlotte Kühn (undatiert)*

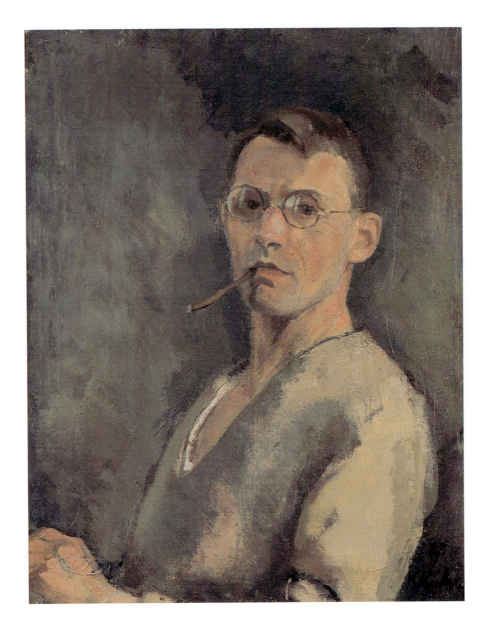

*Abbildung 31: Selbstbildnis (1928)*

In Düsseldorf hatte Kühn, wiederum durch Münzer, Kontakt zur Künstlergruppe "Der Malkasten" und fand auch wieder vermehrt Gelegenheit auszustellen. Bei der "Juryfreien Kunstausstellung" in Düsseldorf 1930 war er mit zwei Bildern vertreten und im darauffolgenden Jahr, ebenfalls mit zwei Bildern, beim Münchner Künstlerbund "Die Unabhängigen". Eine weitere Ausstellungstätigkeit ist wahrscheinlich, wenn auch nicht nachweisbar.

Auch unter nationalsozialistischer Herrschaft konnte Kühn weiter ungehindert ausstellen, wie zum Beispiel die "Große Kunstausstellung" in Düsseldorf 1937 zeigt, auf der er ein Bildnis "L[otte] K[ühn]" ausstellte sowie weitere Ausstellungen während der Kriegsjahre 1940 und 1941. 1937 nahm Kühn eine Einladung des Düsseldorfer Regierungspräsidenten an und reiste zusammen mit einigen anderen Künstlern nach Finnland.

Infolge der Währungsreform hatten sich Kühns Vermögensverhältnisse wieder konsolidiert, was ihm erlaubte, ein von äußeren Umständen unabhängiges Leben als freier Künstler zu führen. Persönlich bedeuteten die 30er Jahre somit für Kühn einen neuerlichen Aufschwung. Allerdings machte er keine gemeinsame Sache mit den Nationalsozialisten, sondern hatte eine starke Abneigung gegen sie. Eine längere Spanienreise (Abb. 35), die ihn unter anderem auch nach Ibiza führte, brachte ihn 1933 auf den Gedanken, auf die Balearen-Insel überzusiedeln oder dort wenigstens einen zweiten Wohnsitz zu gründen. Dieser Plan scheiterte jedoch an den Devisenausfuhrbeschränkungen, durch die Kühns Vermögen in Deutschland gebunden war.

Gleichsam als Ersatz für die Sonne Spaniens entschied Kühn, sich noch einmal in Oberbayern ein Sommerdomizil zu bauen. Diesmal fiel seine Wahl auf Waging am See im Rupertiwinkel, 30 km vor der österreichischen Grenze bei Salzburg. Dort erwarb das frisch verheiratete Ehepaar ein Grundstück, für das der befreundete Holzhausener Architekt Hollweck einen Bauplan erstellte. Seit Fertigstellung des Sommerhauses im Frühjahr 1934, dessen Atelier im oberen Stockwerk die Aussicht auf den See erlaubte, aber ansonsten nur geringen Ansprüchen an Komfort genügte, verbrachten die Kühns in den kommenden Jahren die Sommermonate in Waging. Dort malte er auch im Jahr 1939 das Bildnis von Auguste Wiedemann, eines seiner ausdrucksvollsten Porträts, über dessen Verbleib leider nichts bekannt ist. (Abb. 36)

Im Frühjahr 1943 fielen Bomben auf Kühns Wohnung und Atelier in der Gartenstraße 123 in Düsseldorf. Neben der Einrichtung und dem persönlichen Besitz wurden zahlreiche Bilder sowie historische Dokumente, die ein reiches Malerleben bezeugten, unwiederbringlich zerstört. Nur wenige Sachen, die sich entweder schon in Waging befunden hatten oder nun dorthin gebracht wurden, konnten gerettet werden.

*Abbildung 32: Selbstbildnis (1935)*

*Abbildung 33: Düsseldorf (undatiert)*

*Abbildung 34: Der Maler im Park (1934)*

*Abbildung 35: Spanien (1932)*

*Abbildung 36: Auguste Wiedemann (1939)*

# Die Jahre im Waginger 'Hexenhäusel'

Am Ende des zweiten Weltkrieges lebten in dem von den Amerikanern besetzten Waging am See in Südost-Oberbayern 1200 Einwohner; nach dem Zuzug Heimatvertriebener 1946 wurden es knapp 2000. Industrie war im Ort so gut wie nicht vorhanden, aber bereits Ende der 30er Jahre hatte sich durch die staatliche 'Kraft durch Freude'-Organisation der Fremdenverkehr zu entwickeln begonnen. Der Bremer Reiseunternehmer Wilhelm Scharnow verhalf dem Fremdenverkehr in Waging ab 1951, zu einem maßgeblichen Wirtschaftsfaktor des Ortes zu werden. Damals lockte das folgende Preisangebot: Übernachtung ohne fließendes Wasser 1,20 DM, mit fließendem Wasser 1,50 DM, Mittagstisch 1,45 DM, Abendessen 1,20 DM. Waren um 1940 etwa 400 bis 500 Gäste jährlich nach Waging gekommen, so belief sich 1955 die Zahl der Gäste bereits auf 10 400 bei 125 000 Übernachtungen.

Nach dem Verlust ihrer Düsseldorfer Wohnung zogen Kurt und Charlotte Kühn 1943 nach Waging. Aus dem Feriendomizil wurde ihr ständiger Wohnsitz. Allerdings blieben sie noch bis August 1946 offiziell in Düsseldorf, Gartenstraße 123 gemeldet. Vor allem Charlotte hielt sich noch öfters längere Zeit in Düsseldorf auf. Sie berichtete Honzera, daß Kurt Kühn im Sommer 1944, nunmehr 64jährig, zum Zivildienst verpflichtet wurde, zuerst in einem Büro in

Teisendorf, dann auf dem Flugplatz Ainring, bis er kurz vor Kriegsende durch Krankheit dienstunfähig wurde.

Ursprünglich hatte der Maler ein geeignetes Grundstück am Ufer des Waginger Sees in Kühnhausen gesucht. Das Grundstück, das er schließlich erwerben konnte, gehörte zum Waginger Ortsteil Fisching (Abb. 40). Wie es zu dem Namen 'Hexenhäusel' kam, den Kühn dem Haus gab, ist nicht bekannt; vielleicht war es als Gegenstück zum nahegelegenen Strandbad gedacht, das den Namen 'Seeteufel' trägt. Auf den benachbarten Bauernhöfen versorgten sich die Kühns mit Milch, Butter, Kartoffeln und Eiern. Die Töchter vom "Keanzei" putzten einmal wöchentlich das Haus und wuschen die Wäsche. Von Zeit zu Zeit spannte der Bauer den Ochsen vor den

*Waging am See (1940)*

Karren und half dem Maler, seine Bilder, die in einer großen Holzkiste verstaut waren, zum Bahnhof Waging zu transportieren, von wo aus sie der Zug zu weiter entfernt liegenden Ausstellungsorten brachte.

Heute, 1999, leben in Waging noch einige Menschen, die persönliche Erinnerungen an den Maler haben. Übereinstimmend wird berichtet, daß er schon aufgrund seiner äußeren Erscheinung auffiel. Seine Kleidung, weithängende Leinensakkos und ein breitkrempiger Hut, verrieten den Städter. Zu den Einheimischen hatte er nur wenig Kontakt, er lebte fast völlig zurückgezogen. Er galt als gebildeter Mann, der viele Sprachen beherrschte. Manchmal konnte man ihn beobachten, wie er mit seiner Staffelei zum Malen ins Freie ging. Meistens schlug er die Richtung Krautenberg oder Taching ein. Seine bevorzugten Motive waren die Anhöhe Krautenberg

*Das Haus des Künstlers, Innenansicht*

oder von Krautenberg herab der Blick auf den See, ferner der Mühlberg oder der Ort Waging mit der charakteristischen Pfarrkirche (Abb. 41). Beim Malen wollte er

*Das Haus des Künstlers,*
*Aufnahme aus den 60er Jahren.*

*Das ehemalige Kühn-Grundstück,*
*Aufnahme von 1999.*

*Abbildung 37: Das Haus des Künstlers ("Hexenhäusl" in Waging) (1944)*

*Abbildung 38: Sonnenbad (Blick auf den Waginger See) (1942)*

allein und ungestört sein, er mochte es nicht, wenn ihm jemand dabei über die Schulter sah; neugierige Kinder schickte er weg. Er stellte seine Staffelei unter einen Obstbaum und malte die Wiesen und Bäume, den See oder die Berge im Hintergrund. Oft erscheinen im Vordergrund auch Menschen, die auf dem Feld oder im Garten arbeiten, Wäsche aufhängen oder spazierengehen. Eine von ihm besonders geliebte Stelle war der Badeplatz, dort wo der Höllenbach in den See läuft (Abb 42).

Beide, Kurt Kühn und seine Frau, stammten aus der gehobenen Gesellschaftsschicht und hatten durch Kriege und Inflation ihr Vermögen verloren. Sie standen buchstäblich vor dem Nichts und lebten nun in größter Armut. Kühn bemühte sich, durch den Verkauf von Bildern ihre Lage zu verbessern. Aber oft war er selbst mit dem Ergebnis seiner malerischen Bemühung nicht zufrieden. Versuche, über Bekannte Bilder andernorts zu verkaufen, endeten mit einer Enttäuschung. Seine alten Afrika-Bilder zeigte er niemandem, bis auf wenige Ausnahmen; er hatte Angst, er könnte die anderen damit langweilen. Die letzten Jahre seines Schaffens, bis 1955, beherrschten Ansichten vom Waginger See, daneben vor allem Blumen-Stilleben. In beiden Fällen hoffte Kühn vor allem darauf, den Publikumsgeschmack zu treffen. Oft handelte es sich um Auftragsarbeiten, oft malte Kühn in aller Schnelle ein Aquarell, um es als Zahlungsmittel einzusetzen. Zeitzeugen erinnern sich an Kühns

Vorgehensweise beim Malen der Stilleben: Er wartete ab, bis die Blumen im Welken begriffen waren und die farbigen Blüten die stärkste Leuchtkraft hatten. Jedoch beklagte er oft die schlechte Qualität der Ölfarben während des Krieges und in der Zeit danach. Es zeigte sich später, daß die Bilder schnell ihren Glanz verloren und verblichen. Die Zurücknahme der Farbkraft ist allerdings auch ein bewußt eingesetztes Stilmittel. Die vielen Waging-Ansichten, die Kühn malte, haben vor allem auch dokumentarischen Wert, insofern sie landschaftliche Entwicklungen und bauliche Veränderungen deutlich machen. Ein interessantes Beispiel dafür bietet das Bild "Das helle Haus", gemalt 1946 (Abb. 46). Die Bezeichnung stammt von Kühn selbst; es handelt sich um einen Anbau der alten Brauerei zur Post, im Volksmund "SA-Heim" genannt, weil es als Versammlungsort der Waginger NSDAP-Gruppe diente. Nach Kriegsende war darin die Gewürzmühle "Putra" untergebracht, auf dem Grundstück entstand bald darauf ein Barackenlager zur Unterbringung von Kriegsflüchtlingen. (Heute befindet sich dort das Verwaltungsgebäude der Firma Bergader.)

Sobald es seine Gesundheit und die finanziellen Verhältnisse erlaubten, unternahm er in diesen Jahren noch kleinere Reisen in die nähere Umgebung. Vor allem in Salzburg verlebte das Ehepaar glückliche Tage, wie Charlotte Kühn sich später erinnert. 1955 brachen sie zu einer größeren

*Kurt und Charlotte Kühn*
*Aufnahme vom August 1953*

*Helle, dämmernde Nacht*
*Nähe und Ferne verschweben im Raum*
*In den blühenden Linden*
*Träumt ein lächelnder Traum.*

*Arm unseliges Herz*
*Bang und trübe tust du mir weh.*
*Irr ich, geh ich zum Ziele?*
*Weiß nicht, wohin ich geh.*

*Geh! Du gehest zu Gott!*
*Gehest durch die Linden sacht*
*Über dein armes Herze*
*legt sich selig die Nacht.*

Reise nach Florenz auf. Hier machte sich zum ersten Mal die Krankheit bemerkbar, an der Kühn zwei Jahre später, am 27. März 1957 im Alter von 76 Jahren starb. In ihrer Trauer vermerkt Charlotte Kühn in ihren Aufzeichnungen ein Gedicht ihres Mannes, dessen Entstehungsdatum unbekannt ist:

*Kurt Kühn*
*3.12.1880 - 27.3.1957*

Über dreißig Jahre lang blieb alles im Atelier von Kurt Kühn unverändert in genau demselben Zustand, wie er es bei seinem Tod zurückgelassen hatte. Von Zeit zu Zeit gewährte Charlotte Kühn Gästen Zutritt in das Atelier und zeigte ihnen die Bilder, Skizzen und Zeichnungen.

Das Grab von Kurt Kühn befindet sich an der Ostmauer des Waginger Friedhofs. Er liegt dort zusammen mit seiner Frau, die 1988 an den Folgen einer Gasexplosion starb, und deren Mutter (gestorben 1964).

Das Haus, das bei der Explosion stark beschädigt worden war, konnte von den Erben aus finanziellen Gründen nicht wieder instand gesetzt werden. Infolge Wegerechtsschwierigkeiten sahen sie sich gezwungen, das Grundstück abzugeben. Heute stehen dort drei große Häuser mit Mietwohnungen. Abgesehen von einem Bild im Flur des Waginger Krankenhauses, das Charlotte Kühn nach schwerer Erkrankung als Zeichen des Dankes für die gute Pflege stiftete (Abb. 42), gibt es in Waging keinen öffentlichen Ort, der an Leben und Werk des Malers erinnert.

*Abbildung 39: Charlotte Kühn (1945)*

*Abbildung 40: Fisching (1942)*

*Abbildung 41: Waging am See (1945)*

*Abbildung 42: Waginger See, Badeplatz (undatiert)*

*Abbildung 43: Im Wald (undatiert)*

*Abbildung 44: Stilleben (1950)*

*Abbildung 45: Waging am See (1947)*

*Abbildung 46: Waging, "Das helle Haus" (1946)*

*Abbildung 47: Selbstbildnis (undatiert, ca. 1952)*

# Kurt Kühn aus heutiger Sicht

Es blieb Kurt Kühn zu Lebzeiten versagt, eine Einzelausstellung nur mit seinen Werken bestellen zu können. Auch nach seinem Tod blieb das von ihm hinterlassene künstlerische Werk über zwanzig Jahre lang unbeachtet. Erst in den 80er Jahren fand, ausgelöst durch die Arbeit Hartmut Honzeras, eine Reihe von Gedächtnisausstellungen statt:

**14. - 17. August 1980:**
Waging am See (Pfarrsaal)

**4. April - 16. Mai 1981:**
Grafenau
(Galerie Schlichtenmaier,
(Schloß Dätzingen)

**17. November - 15. Dezember 1983:**
Zürich (Galerie Tour Eiffel)

**Juni 1984:**
Hegenau, Schweiz
(Galerie am Chappeli)

**27. April - 8. Juni 1986:**
Düren (Galerie Treppe)

**7. - 27. September 1986:**
Grafenau
(Galerie Schlichtenmaier,
(Schloß Dätzingen)

Der vorliegende Band begleitet eine Ausstellung von Werken Kurt Kühns, die vom
**18. Juli - 8. August 1999**
in Waging am See (Verkehrsamt) stattfindet.

Kurt Kühn war ein vielseitig begabter Mensch; nicht nur als Maler und Zeichner, sondern auch als Musiker, Komponist, Dramatiker und Schriftsteller hat er ein nicht geringes Werk hinterlassen. Zeitzeugen berichten außerdem von seiner großen Liebe zum Geigenspiel, von seiner Gabe, fesselnd zu erzählen oder von seiner Fähigkeit, ein Aquarell virtuos zu improvisieren. Auf seine schriftstellerischen Versuche näher einzugehen, hätte den Rahmen des vorliegenden Buches gesprengt. Auch hat seine Begabung auf keinem Gebiet zu so außerordentlichen Ergebnissen geführt wie bei seinen Bildern der Jahre 1910 bis 1919. An die verheißungsvollen Anfänge, das öffentliche Interesse, das er in Paris erlangte, konnte er später, nach seiner Rückkehr nach Deutschland, zu keiner Zeit mehr anknüpfen. Die Zwanziger Jahre waren geprägt von persönlicher Orientierungslosigkeit, und an den Bildern der Dreißiger Jahre ist abzulesen, wie Inspiration und Kraft nachlassen.

Das hervorstechendste Merkmal Kühns ist eine innere Unabhängigkeit, die er sich seit seiner Kindheit und bis ins hohe Alter, persönlich wie in seinem Schaffen zu bewahren suchte. Sein Außenseitertum, das in allen Lebensphasen deutlich hervortritt, ist ein deutliches Zeichen für dieses Bestreben. Damit ist nicht gemeint, daß seine Kunst als voraussetzungslos zu gelten hätte. Der französische Impressionismus, die Fauves, Cézanne sind die Grundlagen, auf denen Kühns Malerei unverkennbar aufbaut. Doch bezeichnen derlei Zuordnungen keine Abhängigkeiten im Sinne dogmatischer Festlegungen. Zwar hat Kühn, zumal während der Gefangenschaft und kurz danach, Bilder gemalt, die zum Teil frappierend an Monet oder Sisley erinnern. Doch zeigen gerade die Bilder, die im unmittelbaren Anschluß an die Pariser Zeit in Afrika entstanden sind, was mit dieser inneren Unabhängigkeit gemeint ist. Kühn trägt nicht einen bereits feststehenden 'Stilwillen' in den Orient und sucht sich dazu passende Motive, um sie dieser Idee entsprechend darzustellen, sondern umgekehrt: Er sucht allein und bislang unbekannte Seh-Erfahrungen - die vor allem die Lichtverhältnisse betreffen - und leitet daraus eine neue und ganz eigene Raum- und Farbkomposition ab.

Zeit seines Lebens hielt Kühn weitgehend an der gegenständlichen Malerei fest, und das, obwohl ihm in Paris nicht entgangen sein konnte, daß zukünftig jeglicher Anspruch, avantgardistisch zu malen, auf der Grundlage einer abstrahierenden Darstellung fußen würde. Vielleicht empfand er ähnlich wie Paul Cassirer, der 1918 Max

Slevogt gegenüber äußerte: "Ich glaube, daß die jüngere Kunst nicht an Mangel an Talent leidet, daß sie etwa falschen Theorien huldigt, sondern ich glaube, daß sie eben daran leidet, daß der Bruch mit der Tradition der vorhergehenden Generation zu krass ist." (zit. nach Kennert, S. 120)

In dieser Krassheit hat ein Traditionsbruch bei Kühn nie stattgefunden. Der Entwicklung in Deutschland hatten die Erfahrungen des ersten Weltkrieges Vorschub geleistet, wie es Paul Klee (1879-1940) in einer Tagebuchnotiz 1915 auf den Punkt brachte: "Je schreckensvoller diese Welt (wie gerade heute), desto abstrakter die Kunst" (Paul Klee: Tagebücher, S. 323). Wie zum Beispiel auch bei Max Beckmann (1884-1950), der als freiwilliger Krankenpfleger die Schrecken des Krieges erlebte und im Herbst 1915 einen Nervenzusammenbruch erlitt. In seinen Bildern schlagen sich diese Erfahrungen in Gestalt einer pessimistischen Grundhaltung und eines tiefgreifenden Wandels seines Malstils nieder.

Vor diesem Zusammenhang einer künstlerischen Verarbeitung des Erlebten erscheint es für Kühns Kunst symptomatisch, daß der Maler, der Europa 1910 verließ, die Schrecken des Krieges wenn überhaupt, nur aus der Distanz beobachtet, aber nicht unmittelbar selbst erlebt hat. Und vielleicht konnte er sich nach seiner Rückkehr gerade deshalb so schwer in Deutschland wieder zurechtfinden, weil er die tiefgreifenden geistigen Umwälzungen in den vorhergehenden Jahren nicht mitvollzogen hatte. Daraus das Urteil abzuleiten, Kühns Malerei wäre, eben weil nicht der Idee der Abstraktion folgend, ihrem Wesen nach rückständig, ist vielleicht nicht unzutreffend und dennoch ungerecht. Sein Festhalten am Gegenständlichen erscheint genau besehen höchst glaubwürdig und durchaus folgerichtig. Es zeigt sich darin wiederum jene innere Unabhängigkeit, die Kühn empfinden ließ, er habe es nicht nötig, sich dem Diktat einer 'Avantgarde-Kunst' zu unterwerfen. Freilich: Eine solche Art innerer Unabhängigkeit muß man sich leisten können, auch in einem ganz konkreten, materiellen Sinn.

Kühns Reiseziele, die Wahl seiner Motive wie die Gestaltung seiner Bilder - alles das offenbart eine zeitlebens anscheinend ungebrochene Sehnsucht nach Schönheit, einen durchaus romantisch zu nennenden Versuch, in der Darstellung einer friedlichen, zivilisationsfernen Natur eine Gegenwelt zur industrialisierten Arbeitswelt zu schaffen. Man sieht den Bildern nur auf den ersten Blick nicht an, was von ihrem Urheber bezeugt ist: Daß es sich dabei um einen Menschen handelt, der die aktuellen politischen und gesellschaftlichen Entwicklungen mit wachen Sinnen und großem Interesse mitverfolgte. Der Umstand, daß er nicht die Zerstörungen des Krieges malte - deren Zeuge und Opfer er schließlich selbst noch wurde - und auch nicht die Kälte und Anonymität der modernen Welt, sondern die friedliche Landschaft und schöne Natur, könnte deshalb vielleicht auch noch etwas anderes bedeuten als bloße Weltflucht. Das Gespräch über Bäume schließt eben nicht, wie Brecht meinte, notwendig das Schweigen über Verbrechen ein, sondern kann gerade dies zum Thema machen.

# Literaturverzeichnis

Bermann, Nina: Orientalismus, Kolonialismus und Moderne. Zum Bild des Orients in der deutschsprachigen Kultur um 1900. Stuttgart 1996.

Björnson-Gulbransson, Dagny: Das Olaf Gulbransson Buch. München 1977[2].

Bloom Hiesinger, Kathryn: Die Meister des Münchner Jugendstils. München 1988.

Brandenburg, Hans: München leuchtete. Jugenderinnerungen. München 1953.

Brühl, Georg: Die Cassirers: Streiter für den Impressionismus. Leipzig 1991.

Durieux, Tilla: Eine Tür steht offen. Erinnerungen. Berlin u.a. 1964[4].

Fehrer, Catherine: A search for the Académie Julian, in: Drawing. Vol IV (1982) No. 2, S. 25-28.

Fehrer, Catherine: New light on the Académie Julian and its founder (Rodolphe Julian), in: Gazette des Beaux-Arts CIII (1984) mai-juin, S. 207-217.

Gautherie-Kampka, Annette: Café du Dôme. Deutsche Maler in Paris 1903-1914. Bremen 1996.

German, Michail: Albert Marquet. Bournemouth 1996.

Großkinsky, Manfred: Eugen Bracht, in: Allgemeines Künstler-Lexikon Bd. 13, S. 511-512. München/Leipzig 1996.

Günther, Erika: Die Faszination des Fremden. Der malerische Orientalismus in Deutschland. Diss. Münster 1990.

Honzera, Hartmut: Kurt Kühn (1880-1957). Versuch einer Positionsbestimmung. Magisterarbeit Tübingen 1979 (unveröffentlicht).

Honzera, Hartmut: Kurt Kühn, in: "Unser Dorf". Holzhausen o.J.

Huyghe, René: Un siècle d'art moderne: L'histoire du Salon des Indépendants, 1884-1984. Paris 1984.

Kennert, Christian: Paul Cassirer und sein Kreis. Ein Berliner Wegbereiter der Moderne. Frankfurt a. M. 1996.

Kessel-Thöny, Dagmar von: Eduard Thöny (1866-1950). München 1986.

Kessel-Thöny, Dagmar von: Eduard Thöny, in: "Unser Dorf". Holzhausen o.J.

Klee, Paul: Tagebücher 1898-1918. Hg. von Felix Klee. Köln 1957.

Kurt Kühn, Gedächtnisausstellung (1880-1957). Katalog der Galerie Schlichtenmaier. Grafenau 1981.

Kurt Kühn 1880-1957. Gemälde, Aquarelle, Zeichnungen. Katalog der Galerie Schlichtenmaier. Grafenau 1986.

Markt Waging am See 1385 - 1985. Festschrift zur 600-Jahr-Feier. Waging 1985.

Michel, Wilhelm: Münchner Frühjahrs-Ausstellung der Secession, in: Deutsche Kunst und Dekoration Bd. XXVIII, April-September 1911, S. 81ff.

Münzer, Wolfgang: Adolf Münzer, in: "Unser Dorf". Holzhausen o.J.

Naumann, Helmut: 100 Jahre Kurt Alexander Kühn. Ein Dresdner Maler in Süddeutschland, in: Schlesische Heimat Heft 12, 1980, S. 329-331.

Reiser, Rudolf: Alte Häuser - große Namen. München 1988[2].

Schmid, Dieter: Julius Exter. Aufbruch in die Moderne. München 1998.

Seidel, Ina: Lebensbericht 1885-1923. Stuttgart 1970.

Thieme, Ulrich / Becker, Felix: Allgemeines Lexikon der bildenden Künstler von der Antike bis zur Gegenwart. Bd. 22, S. 59: Kühn, Kurt. Leipzig 1928.

Uhde, Wilhelm: Von Bismarck bis Picasso. Erinnerungen und Bekenntnisse. Zürich 1938.

Uhde-Bernays, Hermann: Die Münchner Malerei im 19. Jahrhundert. Teil 2: 1850-1900. 1927, neu hg. von Eberhard Ruhmer. München 1983.

Vollard, Ambroise: Erinnerungen eines Kunsthändlers (1937, dt. Zürich 1957). Erw. Neuausgabe 1980.

Zweig, Stefan: Die Welt von gestern. Erinnerungen eines Europäers (1944). Frankfurt 1996.
Abbildung 1: Selbstbildnis (1902-1903)

# Verzeichnis der abgebildeten Werke

Abbildung 1: Selbstbildnis (1902-1903)
Öl/Pappe, 71x51, Nachlaß-Nr. 412

Abbildung 2: Lektüre am Fenster (1902)
Aquarell, 56x39

Abbildung 3: Puchheim (17.12.1904)
Bleistift/Karton, 49x37,  Nachlaß-Nr. 579

Abbildung 4: Die Mutter des Künstlers (1908)
Öl/Leinwand, 39x37,  Nachlaß-Nr. 42

Abbildung 5: Boulevard de Vaugirard (1906)
Öl/Leinwand, 53x64, Nachlaß-Nr. 202

Abbildung 6: Margarethe Kühn
(undatiert, ca. 1920)
Öl/Pappe, 69,5x51,  Nachlaß-Nr. 409

Abbildung 7: Afrika (1911)
Öl/Leinwand, 74x79,  Nachlaß-Nr. 254

Abbildung 8: Araber (undatiert, ca. 1910)
Öl/Leinwand, 95x68,  Nachlaß-Nr. 247

Abbildung 9: Araber (undatiert, ca. 1910)
Öl/Leinwand, 71x57,  Nachlaß-Nr. 256

Abbildung 10: La place des merveilles (1910)
Öl/Leinwand, 36,5x45, Nachlaß-Nr. 229

Abbildung 11: Salzverkauf in der Oase (1911)
Öl/Leinwand, 100x90, Nachlaß-Nr. 360

Abbildung 12: Afrika (1912)
Öl/Leinwand, 101x80, Nachlaß-Nr. 249

Abbildung 13: Junger Araber (1913)
Öl/Leinwand, 135x161, Nachlaß-Nr. 288

Abbildung 14: Studie zu Abb. 13
(undatiert, 1913)
Öl/Leinwand, 37x29,5, Nachlaß-Nr. 317

Abbildung 15: Afrika (undatiert, ca. 1910)
Öl/Leinwand, 84x63, Nachlaß-Nr. 246

Abbildung 16: "Grauer Tag"
(undatiert, ca. 1912)
Öl/Leinwand, 61x74, Nachlaß-Nr. 241

Abbildung 17: Afrika (1911)
Öl/Leinwand, 50x61, Nachlaß-Nr. 242

Abbildung 18: Alter Marokkaner (1911)
Öl/Leinwand 73x78, Nachlaß-Nr. 346

Abbildung 19: "Im Oasisgarten" (1910)
Öl/Leinwand, 74x64, Nachlaß-Nr. 250

Abbildung 20: Cap Matifou
(undatiert, 1915)
Öl/Leinwand, 45x60, Nachlaß-Nr. 215

Abbildung 21: In der Gefangenschaft
(undatiert, ca. 1915)
Öl/Leinwand, 52x42, Nachlaß-Nr. 213

Abbildung 22: Gefangenenunterkunft
(undatiert, ca. 1915)
Öl/Leinwand, 26x34, Nachlaß-Nr. 208

Abbildung 23: Garaison (1916)
Öl/Leinwand, 81x100, Nachlaß-Nr. 432

Abbildung 24: Im Park (München) (1919)
Öl/Leinwand, 39x42, Nachlaß-Nr. 220

Abbildung 25: Holzhausen, Kühns Garten
(1920)
Öl/Leinwand, 63x80, Nachlaß-Nr. 576

Abbildung 26: Gartenarbeit (1922)
Öl/Leinwand, 80x98, Nachlaß-Nr. 418

Abbildung 27: "Sonntagsspaziergang" (1920)
Öl/Leinwand, 63x81, Nachlaß-Nr. 177

Abbildung 28: Weiblicher Akt (undatiert)
Öl/Leinwand, 90x74,5, Nachlaß-Nr. 321

Abbildung 29: Margarethe Kühn (1912)
Öl/Leinwand, 98,5x86, Nachlaß-Nr. 383

Abbildung 30: Charlotte Kühn
(undatierte Skizze, ca. 1937)
Öl/Leinwand, 49x47, Nachlaß-Nr. 496

Abbildung 31: Selbstbildnis (1928)
Öl/Leinwand, 60x50, Nachlaß-Nr. 22

Abbildung 32: Selbstbildnis (1935)
Öl/Leinwand, 64x54, Nachlaß-Nr. 345

Abbildung 33: Düsseldorf
(undatiert, ca. 1940)
Öl/Leinwand, 56x65, Nachlaß-Nr. 174

Abbildung 34: Der Maler im Park (1934)
Öl/Leinwand, 64,5x59,5 Nachlaß-Nr. 477

Abbildung 35: Spanien (1932)
Öl/Leinwand, 27x35, Nachlaß-Nr. 459

Abbildung 36: Auguste Wiedemann
(undatiert, 1939)
Öl/Leinwand, 105x90, Nachlaß-Nr. 355

Abbildung 37: Das Haus des Künstlers
("Hexenhäusl" in Waging) (1944)
Öl/Leinwand, 54x80, Nachlaß-Nr. 142

Abbildung 38: Sonnenbad (1942)
Öl/Leinwand, 40x51, Nachlaß-Nr. 117

Abbildung 39: Charlotte Kühn (1945)
Öl/Leinwand, 77x67,5, Nachlaß-Nr. 331

Abbildung 40: Fisching (1942)
Öl/Leinwand, 55x65, Nachlaß-Nr. 176

Abbildung 41: Waging am See (1945)
Öl/Leinwand, 59x64, Nachlaß-Nr. 70

Abbildung 42: Waginger See, Badeplatz
(undatiert, ca. 1944)
Öl/Leinwand, 78,5x83, Nachlaß-Nr. 332

Abbildung 43: Im Wald (undatiert, ca. 1937)
Öl/Leinwand, 97x72, Nachlaß-Nr. 520

Abbildung 44: Stilleben (1950)
Öl/Leinwand, 64x60, Nachlaß-Nr. 61

Abbildung 45: Waging am See (1947)
Öl/Leinwand, 50x60, Nachlaß-Nr. 352

Abbildung 46: Waging, "Das helle Haus"
(1946)
Öl/Leinwand, 59x64, Nachlaß-Nr. 344

Abbildung 47: Selbstbildnis (undatiert, ca. 1952)
Öl/Leinwand, 60x54, Nachlaß-Nr. 294

# Inhalt